Y colorín colorado este cuento AÚN NO se ha acabado

ODIN DUPEYRON

Y colorín colorado
este cuento
AÚN NO
se ha acabado

KIARA

Concepto, diseño e ilustración de portada: Grupo Odin Dupeyron / Laura María Rodríguez
Fondo de portada: © iStockphoto, Alex Star
Diseño de interiores: Laura Rodríguez

© 2002, Editorial Dirigida
© 2003, Editorial Diana, S.A. de C.V.
© 2007, Grupo Odin Dupeyron, S.A. de C.V.
© 2016, Editorial Planeta Mexicana, S.A. de C.V.

Derechos reservados

© 2016, Editorial Planeta Mexicana, S.A. de C.V.
Bajo el sello editorial DIANA M.R.
Avenida Presidente Masarik núm. 111, Piso 2
Polanco V Sección, Miguel Hidalgo
C.P. 11560, Ciudad de México
www.planetadelibros.com.mx

Primera edición en formato epub: mayo de 2016
ISBN: 978-607-07-3422-9

Primera edición en formato impreso: mayo de 2016
Décima sexta reimpresión en este formato: marzo de 2020
ISBN: 978-607-07-3393-2

Impreso en los talleres de Litográfica Ingramex, S.A. de C.V.
Centeno núm. 162-1, colonia Granjas Esmeralda, Ciudad de México
Impreso y hecho en México – *Printed and made in Mexico*

Para
Sara, Angelita y Marivi.

Para
Odette y Natasha.

Para
Guille, Mónica, Rosalba, Sara Citlali,
Carolina, Maru y doña Bety.

Para
Lonchis y Martha.

Para
Verónica, Erika M., Erika R., Tamra, Lizzete, Andrea, Angélica,
Fabiola, Adela, Jana, Lilia, Luly, Marcia, Jessica, Carmen, Noemí,
Dalilah, Perla, Luzma, Ursula, Adriana, Karmen, las Dacias,
Jakie, Rosi F., Chelín, Tania, Mary Paz, Rocío, Iris, Pía, Beatriz,
Thaily, Cynthia, Mariana, la Sheraton y Coty.

Para
Marisol y Rosy.
Rosa Martha y Coca.

Para
Miss Lupita, Susana, Grace, Margarita, doña Marcia, Ana María,
Sofi, Fany, Christi, Lilí,
Titis, Rosy y Martha R.

Y para todas las demás princesas que he encontrado en el
transcurso de mi vida. Y también, para todas aquellas que no he
conocido, pero que no por eso dejan de ser, en el fondo,
auténticas princesas.

Gracias

Gracias

Gracias

Gracias

A Marisol Mijares y César Lambreton, porque creyeron desde
cero, porque me levantaron, me dieron fuerza y luego…
con inmenso amor, me dejaron volar.

Gracias

Gracias

Gracias

Gracias

A Sara Navarrete, Alma Rosa Araiza, Alejandra Alvarez Fraustro, Laura María Rodríguez, Idalia Damián Azcoitia, Ana Barrera, Miguel Ángel Navarrete y a los que conforman hoy al Grupo Odin Dupeyron por construir, levantar, sostener, impulsar y mantener Editorial Disidente, la pequeña editorial con la que me aventuré a editar mis propios libros.

A Porrúa, librerías Gandhi y Advanced Marketing (en especial Verónica González), por la pasión con la que siempre vendieron mis libros y porque fueron quienes, por muchos años, confiaron en la pequeña y nueva Editorial Disidente empeñándose en compartir sus ediciones.

"Era una noche muy fría, tal vez la más fría de todas las noches"

Con estas palabras comenzó todo.

Carta del autor

La vida está hecha de eternos recomenzares, de viejos círculos que se cierran y de nuevos círculos que se abren, de principios y de finales. La vida no es estática, se mueve y se transforma constantemente, es caprichosa y es incierta. Y en medio de ese caos, uno navega, controla lo que puede controlar y se pone a salvo de lo que puede ponerse a salvo, uno trata, lo más que puede, de esquivar las desgracias. Pero, cuando no hay manera de escapar de la tormenta... entonces... es cuando uno le entra a la batalla de la vida... de ser posible... con heroísmo.

Este ha sido el cimiento sobre el que he construido mi vida y es también la premisa de este libro: ser héroes de nuestra propia historia a través de las adversidades; y —con el mayor coraje posible— hacer nuestra vida... ¡nuestra! Ser escritores y protagonistas de nuestro cuento y crear, con nuestras acciones, la más prodigiosa de las aventuras. Y la historia de este libro (no sólo la historia que cuenta, sino la historia que el libro ha vivido) es el mismísimo testimonio de esa premisa.

Déjame te cuento, querido lector, que ésta, la que tienes ahora entre tus manos, es una edición especial, una edición de aniversario. Estas palabras que lees en este momento no se habían escrito antes hasta ahora, y se han escrito sólo para celebrar esta edición, porque con esta edición estamos festejando que "Y colorín colorado este cuento aún no se ha acabado" cumple sus (espero) primeros 15 años.

Esta edición celebra también mi regreso a Editorial Diana, la editorial que, aunque no fue la primera que confió en el libro, sí fue la que lo impulsó a lugares donde el libro... hubiera podido llegar solo... pero con muchos más esfuerzos y con mucho, mucho, mucho más tiempo. Editorial Diana fue su catapulta, sus alas, unas alas más experimentadas, fuertes, hábiles. Nombres como José Luís Ramírez, Sandra Elizabeth Montoya, Doris Bravo, Ángel Lozano, Sergio Rocha, Ofelia Romero, Ángel y Martha Castro, y

Don Fausto Rosales serán nombres que quedarán grabados en la historia de este libro para siempre. Porque son parte de su vida y porque tengo memoria y soy agradecido.

Muchos años me alejé de Editorial Diana, terminé mi contrato con ellos porque mis libros necesitaban independencia y autonomía; y yo necesitaba ser dueño de mí para poder tomar mis decisiones, pero sobre todo, para poder correr los riesgos necesarios que conlleva experimentar la libertad de decidir, de ser dueño de mí y de saber estar en mis propias manos. Así fue como abrí Editorial Disidente, donde nacieron mis siguientes libros "¿Nos tomamos un café?" y "En tu única vida... ¿de qué no te quieres perder?" Libros que me han consolidado de tal forma, que hay gente que los quiere ya en diferentes partes del mundo.

Pero... *la vida esta hecha de eternos recomenzares, de viejos círculos que se cierran y círculos que se abren, de principios y de finales. No es estática, se mueve y se transforma constantemente, es caprichosa e incierta.* Y el éxito no es fácil, mucha gente lo quiere, pero siempre tiene un costo. Hoy, Editorial Disidente es demasiado pequeña para cargar la demanda internacional que ahora tienen mis libros y es cuando, por azares del destino, aparece de nuevo Editorial Diana, con sus alas fuertes, hábiles y experimentadas y nuevamente me acoge como su escritor. Claro, en un escenario completamente distinto, la independencia de 9 años y el éxito adquirido como resultado de esa independencia me ha hecho, no sólo más fuerte, sino que además me ha dado credibilidad como creativo, y es ahora que, con una relación de mucha mayor igualdad y respeto, regreso a Editorial Planeta, bajo la firma de Diana.

Hemos preparado dos ediciones de este libro y me gustaría mucho explicarte bien de qué van. La edición de pasta blanda y la edición de pasta dura. Las dos son especiales, las dos celebran 15 años y las dos tienen el mismo contenido en cuanto a la historia que narra el libro: las aventuras de la princesa Odái y su dragón. La única diferencia es que la de pasta dura pretende ser el testimonio contundente de los 15 años, un libro más "elegante", un libro para atesorar. Y decido hacerlo así, porque yo, como lector, mis libros favoritos trato de tenerlos en pasta dura, a mí me gusta sentirlos más... salvaguardados.

Así que, querido lector, ya sea que estés leyendo este libro por primera vez, o si ya eres un cliente frecuente de esta historia, gracias por estar aquí, gracias por tus ojos, gracias por tu corazón, gracias por permitir que sigan viviendo las historias, la fantasía, las palabras que transmiten, que llegan, que cimbran, que acogen, que nutren, que transforman y nos hacen más humanos.

Bienvenido seas a esta gran celebración de nuestro decimoquinto aniversario.

Odin Dupeyron

Prólogo

Utilizando muy talentosamente la estructura de un cuento, el autor narra de manera fluida y amena un ramillete de hermosas metáforas de la introspección. El autoconocimiento como piedra angular de la maduración emocional y en última instancia, de la sabiduría existencial.

Pero todo este proceso es descrito de manera realista apelando a la fantasía sólo para dar el aderezo alegórico que permita comprender el drama interior de quienes se atreven a develar el enigma de sí mismos. De quienes renuncian, en un momento dado, a ser personajes de un libreto escrito por circunstancias históricas, preñadas de la inercia del pasado y con conciencias extorsionadas por prejuicios nunca antes cuestionados.

Se puede decir, en una síntesis extrema, que este cuento nos relata la dolorosa y al mismo tiempo, maravillosa transición del prejuicio al juicio, de la enajenación a la titularidad de la existencia.

Cognos ipsi (Conócete a ti mismo) como la clave fundamental.

Asimilando nuestra historia y acompañándonos siempre, podremos asumir plenamente nuestra responsabilidad existencial y por tanto, la titularidad en nuestra vida. Cada uno de nosotros como el escritor de nuestro personaje vivencial, es ese trascendente juego interactivo de protagonista y autor que siempre somos en nuestras vidas pero que muchas veces ignoramos.

Además, desde el punto de vista literario, es un cuento excelente que trasporta al lector en el tren de la verdad, la bondad y la belleza, a los paisajes subjetivos de la introspección luminosa y conmovedora de la naturaleza humana; la epifanía.

Por otro lado es, en cierto modo, un *cuento cuántico* ya que no plantea un determinismo en el destino, sino una prospectiva

estadística con base en las actitudes predominantes. Si el prome-
dio de nuestras acciones es mayoritariamente realista, el escenario probable de nuestro futuro es favorable.

Nos vamos diseñando nuestra vida, para bien o para mal, y de esa
manera somos escritores y protagonistas del libreto existencial.

Dr. Federico San Román

Era una noche muy fría, tal vez la más fría de todas las noches, Odái se encontraba sentada en la ventana de la torre más alta del castillo, observando las estrellas con su vestido azul de gasa casi transparente. Como todas las noches, esperaba ansiosa la señal milagrosa que deseaba desde hace tiempo. Soñaba con lo que su propia vida podría ser si tan sólo llegara esa señal.

El ruido de la puerta para entrar a la torre y los pasos en la gran escalera que conducía hasta su habitación, la hicieron regresar a la realidad.

Ahí viene de nuevo –pensó angustiada.

La puerta se abrió, y el gran Dragón negro del Miedo asomó la cabeza.

¿Qué estás haciendo princesa? –le dijo el Dragón con esa voz hosca, desconfiada y dudosa pero siempre imponente que caracteriza a los dragones negros del miedo.

Espero la señal para salir de aquí –respondió Odái temerosa ante la presencia del Dragón.

El Dragón se expresó con mucha fuerza. –No debes salir de aquí, no puedes hacerlo hasta estar segura de haber escuchado la señal.

Pero debe de haber una manera –dijo Odái desesperada.

El Dragón sólo la observó detenidamente, sus ojos rojos contrastaban de manera impresionante con su cuerpo negro, y resaltaban notablemente en el centro de su negra cara. Odái se sentía intimidada siempre ante su presencia.

Alguien muy importante –le dijo el Dragón–. Tuvo mucho cuidado al encargarte conmigo, yo soy el mejor guardián.

–Pero no puedes tenerme encerrada para siempre.

¡No podrás salir de aquí hasta haber entendido la señal! –El Dragón del Miedo rugió de manera aterradora. El pavor tomó presa a Odái, quien se quedó petrificada.

¡Hay demasiados peligros afuera! –concluyó el Dragón dando la vuelta para salir.

Pero yo…

Hay demasiados peligros afuera y aquí te quedarás. –El Dragón del Miedo salió azotando la puerta. No se oyó cerradura ni candados, nada que asegurara la puerta. El Dragón del Miedo sabía que Odái estaba muy asustada como para escapar.

Y así, Odái regresó a la ventana a mirar las estrellas, suspiró profundamente y esperó de nuevo ansiosa por esa señal. Era una noche muy fría, tal vez la más fría de todas las noches.

Y colorín colorado este cuento se ha acabado.

¡Un momento!

¿Perdón?

¡Dije un momento! ¿Eso es todo? ¿Me voy a pasar toda la vida sentada en la ventana de la torre esperando la señal?

Este yo…

Tú siempre cuentas la misma historia, exactamente la misma historia y yo aquí espero ansiosa a que un día cambie, que un día aparezca la maldita señal, que se caiga una estrella fugaz, que se obscurezca la luna o que por lo menos salga el sol, pero no, ¡nooooo!… ¿Sabes que esta noche es una noche muy fría, tal vez la más fría de todas las noches? ¡Pero claro que lo sabes! Tú eres el Escritor y lo repites DOS veces en la historia.

Eso cierra el círculo de la historia.

¡Qué me importa a mí el círculo de la historia! Estoy cansada, harta, aburrida y muerta de frío… ¿Porque sabes qué? Esta noche no sólo es muy fría, no sólo es tal vez la más fría de todas las noches… ¡está helando! Y yo aquí sentada, con un vestido azul de gasa casi transparente. ¡Por el amor de Dios! ¿No me pudiste haber escrito aunque sea una frazada?

El lector entiende así tu sufrimiento.

Yo tengo una mejor manera de hacerle entender al lector mi sufri-miento. ¡Estoy en agonía, lector! No sólo estoy esperando la señal que jamás ha llegado, y que al parecer jamás llegará, no sólo estoy encerrada en una torre a… ¿? … ¿Qué tan alta es la torre?

No lo sé, no lo había pensado.

¿Eres el Escritor y no sabes qué tan alta es la torre en la que me encerraste?

Sólo me la imagino muy alta.

Pues dame la altura que te imaginas.

No sé, 100 metros.

…¿Sabes algo de arquitectura?

No.

Se nota. Déjame asomarme a la ventana… Tú ve narrando, que es lo único que sabes hacer.

Bien… este… y Odái se asomó a la ventana.

Gracias… mmmm –dudó. No, no dudé, me estoy agarrando del barandal. **Perdón.** Ponle 15 metros.

Está bien, que sean 15 metros entonces.

Bien, pues como decía: no sólo estoy esperando la señal que jamás ha llegado y que al parecer jamás llegará. No sólo estoy encerrada en una torre a 15 metros de altura, no sólo tengo al negro Dragón del miedo vigilando cada uno de mis movimientos. ¡Además estoy muerta de frío! Crees que si fuera una noche… ya no digamos cálida… ¡templadita! ¿Tú crees que si fuera una noche templadita, el lector entendería menos mi sufrimiento? ¿Tú crees que el lector es idiota? Mmmm… veamos, esta pobre princesa está encerrada en una torre, su madre desapareció, se pasa todas las noches esperando una señal que nunca llega, su vida está vigilada constantemente por el dragón del miedo que, citando al autor, *sus ojos rojos contrastan de manera impresionante con su cuerpo negro y resaltan notablemente en el centro de su negra cara.* Que además, citando al autor; *habla con esa voz hosca, desconfiada y dudosa pero siempre imponente que caracteriza a los dragones del miedo.* ¡Pero la noche está templada! Seguramente no se la está pasando tan mal.

Perdón, no pensé que la historia te afectara tanto.

No pensó que la historia me afectara tanto. ¡¡No pensó que la historia me afectara tanto!! ¿Leíste eso lector? Ponte un momento en mi lugar, querido lector. Imagina que te encuentras encerrado en un pequeño espacio, presa del miedo, deseando hacer algo para cambiar tu vida, pero no te atreves, porque no sabes qué va a pasar. Y esperas ansioso esa señal que te dará la seguridad para atreverte a vivir. ¿Alguna vez te has sentido así? Pues eso es lo que yo siento todas las noches… eternamente, pero hoy ya me cansé y voy a hacer algo al respecto. Y colorín colorado este cuento, aún no, se ha acabado. ¡Y tú, ponte a narrar!

Bien; pues... La Princesa, que evidentemente estaba muy molesta con su situación actual...

¡Estoy HARTA!

Esto es... La Princesa, que evidentemente estaba HARTA de su situación actual, se armó de valor y... ¿? ...¿Se acercó a la puerta? No puedes hacer eso.

Yo hago las cosas y tú las narras ¿está bien?

Su mano se dirigió a la manija e intentó abrir, pero la puerta estaba cerrada.

No me salgas con tonterías. En la hoja pasada dijiste claramente: *No se oyó cerradura ni candados, nada que asegurara la puerta. El Dragón del Miedo sabía que Odái estaba muy asustada como para escapar.* No te puedes contradecir, a menos que seas uno de esos escritores que se sacan cosas absurdas de la manga.

Y la puerta se abrió fácilmente. Gracias. Y Odái salió.

Bajó las escaleras rápidamente saltando los escalones, tan rápido que rodó escalera abajo.

¡Maldición!

Cuando levantó la cara, se dio cuenta de que había caído a los pies del Dragón. ¡Te lo dije! El Dragón la miró furioso... más bien estaba desconcertado.

¿Qué está pasando aquí? –dijo el Dragón furioso.

¿Qué está pasando aquí? –Está bien... dijo el Dragón sacadísimo de onda.

Nada, que he decidido salirme de aquí.

Pero tú no puedes hacer eso.

Es lo mismo que le digo yo.

¿Quién dijo eso?

Yo, el Escritor-Narrador del cuento.

¿Qué está pasando aquí? –dijo el Dragón angustiadísimo. Y cabe añadir que pegó la espalda a la pared, volteando para todas partes. El Dragón estaba asustado. Muy asustado. ¿Cómo que te vas? ¿Cómo que el narrador? No entiendo nada.

Dragón, ¿no estás harto de subir siempre a la torre a repetirme las mismas frases que me paralizan? ¿No estás cansado de tenerme encerrada sin que ni tú ni yo podamos hacer algo con nuestras vidas?

No lo había pensado.

Pues claro que no lo habías pensado, en lo único que piensas es en que me tienes que mantener encerrada.

Pero eso es lo que debo hacer, alguien muy importante me encargó que te cuidara.

Que me cuidaras, está bien, pero no que me tuvieras encerrada eternamente.

Pero es que hay muchos peligros afuera, no puedes salirte así como así.

Todo el chiste del cuento radica en que no puedes salir porque estás presa del miedo.

¿Podrías decirle que se calle? Me está asustando.

¿Cómo se puede asustar con tanta facilidad un enorme Dragón **negro de ojos rojos** y de voz hosca, desconfiada, dudosa e imponente? Tú lo hiciste el Dragón del Miedo ¿Te acuerdas? **Espero que no todas mis historias me hagan lo mismo.**

¡Dile que se calle! –gritó el Dragón asustado, cerrando los ojos y tapándose la cara como un niño. ¡Hey! Aquí el narrador soy yo, ¿está bien?. Está bien, está bien. ¡Que se calle! –gritó el Dragón asustado, cerrando los ojos y tapándose la cara como un niño.

Está claro –concluyó la Princesa. Por lo que puedo ver, el miedo no es tan fuerte y temible como lo pintan, o en este caso, como lo escriben. Mira, Dragón, ¿qué te parece si los dos salimos y buscamos… lo que sea que haya afuera de este castillo?

Pero hay cosas aterradoras allá afuera –dijo el Dragón espantado.

¿Cómo lo sabes?

El Dragón dudó… y volvió a cerrar los ojos asustado. ¡Dios mío! Dragón, no le tengas miedo, es sólo el Escritor que tiene que narrar, no te va a hacer nada. El Dragón abrió los ojos. ¿No me vas a hacer nada? No. ¿Lo juras? Lo juro. Está bien, te creo, pero no creas que me voy a descuidar, ¿entendiste? Entendí.

¡Re-tomando!… Dragón, ¿cómo sabes que hay cosas aterradoras allá afuera?

No lo sé… Me han dicho.

¿Quién te ha dicho?

Yo me lo he dicho.

¿Y por qué te lo has dicho?

¿Por costumbre?

¿Quieres decir que nunca has salido de este castillo?

Este… no.

¿Por qué?

¡Porque hay cosas aterradoras!… ¿Qué no me estás entendiendo?

Pero no puedes saberlo si nunca has salido –trató de hacerle entender la Princesa. Y no sólo te puedes sentar a suponer y no hacer nada, tenemos que salir –dijo la Princesa decidida.

¿A dónde?

A donde sea. Vamos a salir, nada más, vamos a atrevernos.

¿Pero y la señal?

No hay señal.

¡Pero necesitamos la señal para poder salir! –gritó el Dragón del Miedo, asustado.

Está bien, está bien, no te pongas así. La señal… la señal es… –**Odái pensó.** La señal es… ¡la vida misma! Tan fácil como eso, si estamos aquí, si vivimos, estoy segura que no es para estar encerrados. La vida misma es la señal de que podemos salir. ¡De que debemos salir! ¿Lo entiendes Dragón?

Esteeeee… no.

No importa, yo lo entiendo y con eso es suficiente. Ésa es la señal, ¿está bien? Vamos afuera.

Bueno… si tú lo dices… vamos afuera.

Y los dos se dirigieron a la puerta. ¿Él va a venir con nosotros? Tiene que hacerlo, es el narrador. **Soy el Escritor.** Es el Escritor. Está bien, pero me voy a estar cuidando. **No tienes nada de que cuidarte.** De todos modos me voy a cuidar. **Pues te cuidas en vano.** Yo me cuido en donde lo creo conveniente. ¡¿Salimos?! –interrumpió la Princesa la discusión bizarra. Y salieron de la torre.

La noche era fría, tal vez la más fría de todas las noches. La Princesa le dirigió al narrador una mirada hostil. ¿Podrías variarle? La noche era muy fría, pero el entusiasmo en el corazón de la Princesa emanaba un calor tan especial que la Princesa no sentía frío.

¡Pero si está helando!

En cambio, el Dragón temeroso temblaba ante el viento incesante que le calaba los huesos.

No te preocupes Dragón, todo va a estar bien.

Los dos se acercaron a la puerta principal del castillo, un enorme enrejado de hierro forjado se levantaba ante ellos, y atrás de éste, la negrura infinita de la noche y la libertad.

Princesa... –susurró el Dragón temeroso, como si alguien los estuviera observando–. Ya estamos afuera de la torre, ya estamos en el enorme enrejado de hierro forjado que es la salida del castillo, ya dijimos que vamos a salir al mundo, pero, digo yo, ¿no podríamos quedarnos adentro del castillo esta noche? Para que no esté tan obscuro allá afuera.

La Princesa no lo escuchaba, sus manos se agarraban fuertemente de los barrotes negros, su mirada se perdía en la profundidad de la noche, mientras el viento helado se colaba entre sus largos y negros cabellos.

Princesa... Princesa...

Ya te oí Dragón, no te preocupes, pasaremos aquí la noche.

El Dragón suspiró aliviado y buscó rápidamente un rincón cálido lejos del viento, donde se acostó. La Princesa lo siguió y se acostó también junto a él, apoyando su cabeza en una de sus enormes patas. En cuanto el Dragón puso la cabeza en el suelo, se quedó dormido. Pero Odái no podía conciliar el sueño.

¿Qué me espera detrás de esta puerta? –pensaba. ¿Qué tiene la vida preparado para mí? –sintió miedo.

Estoy emocionada –me contradijo la Princesa.

La emoción también produce un poco de miedo.

No, lo que produce es ansiedad –insistió terca.

La ansiedad es una forma de miedo.

No tengo miedo.

¡¡Prin-ce-sa!!… –tomé aire. Mira, el miedo no siempre es malo, a veces nos sirve para mantenernos alertas. Estás a punto de salir a lo desconocido, de cruzar la puerta que nunca te habías atrevido a cruzar, vas a dar un paso importante en tu vida, en la vida del Dragón y en la trama de mi historia. Puedo entender que estés emocionada, puedo entender que estés ansiosa de saber qué es lo que va a pasar, ¿pero me vas a decir que no sientes un poco de miedo? ¿No estás ni un poco temerosa de lo que te espera allá afuera?

No.

¡Por favor!

¿Podrían dejar de discutir de una vez por todas? –interrumpió molesto el Dragón. Es imposible dormir. Tú eres un necio Escritor, y tú eres una terca. Ya no discutan. Si te sirve de algo Escritor, yo sí tengo miedo, hay cosas terribles allá afuera; y no me pregunten que cómo lo sé, simplemente lo sé, ¿está bien? Ahora, déjenme dormir la última noche de tranquilidad que voy a tener, porque después de esta noche ya nada será igual, porque yo sí le tengo miedo a lo desconocido, yo sí no sé que va a pasar y yo sí tengo sueño.

El Dragón volteó la cabeza molesto, tratando de volver a dormir, sus ojos rojos brillaron por última vez mientras cerraba los grandes párpados que le… ¡Cállate! Perdón.

Está bien –susurró la Princesa… y susurró el Escritor. Creo que sí tengo un poco de miedo.

¡Lo sabía!… –susurré… y la Princesa se quedó dormida.

Eran más o menos las ocho de la mañana. Era una mañana cálida, porque más me valía que lo fuera y porque el sol, que hacía rato que se había asomado, brillaba majestuoso; el cielo estaba casi despejado y el azul deslumbraba con gran intensidad. La Princesa y el Dragón dormían, pero no sería por mucho tiempo, porque los pájaros cantaban alegremente entre las ramas de los árboles y su mágico canto invitaba a la vida.

...

La Princesa y el Dragón seguían dormidos, seguramente estaban muy cansados por las fuertes emociones que habían sentido la noche anterior, pero no sería por mucho tiempo, porque los fuertes ronquidos del Dragón pronto despertarían a la Princesa.

...

Seguramente la Princesa estaba exhausta, parecía que nada la despertaría.

...

...

Eran las doce del día, y el sol, siguiendo su curso natural, se posaba exactamente encima de la Princesa y el Dragón, que casi toda la mañana, se cubrieron de él a la sombra de la enorme pared del castillo.

Mmmm… –se estiró, al fin, la Princesita Odái. Trató de abrir los ojos, pero el fuerte brillo del día despejado y caluroso le impedía hacerlo. He tenido el más extraño, el más dulce y el más maravilloso de los sueños –se dijo mientras cubría sus ojos.

Al parecer, la Princesa creía que la pesadilla por la que nos había hecho pasar a mí y al pobre Dragón hace apenas doce horas era sólo un dulce y maravilloso sueño. Poco a poco sus ojos se acostumbraron a la luz y pudo abrirlos… sus ojos se abrieron enormemente… se le cayó la quijada abriendo su boca de manera impresionante, nadie jamás pensaría que las princesas tuvieran la boca de ese tamaño.

¡No ha sido un sueño! –dijo sorprendida y volteó a ver al Dragón para asegurarse. ¡Aquí está el Dragón! ¡Estoy fuera de la torre! –gritó la Princesa. La alegría se desbordaba por sus ojos verdes claros y la emoción transpiraba por su hermoso cuerpo.

Buenos días, Escritor –dijo la Princesa en un tono dulce y coqueto, como agradeciendo al Escritor los comentarios acerca de sus ojos y su cuerpo.

Buenos días, Princesa –se apenó el Escritor.

Veo que es una mañana calurosa.

Especialmente diseñada para ti.

El sol brilla en lo alto, el cielo está casi despejado y yo me siento fresca como jamás me había sentido antes.

Sí, bueno… supongo que después de doce horas de sueño es natural.

La Princesa se levantó rápidamente y corrió al enrejado del castillo, no podía creer lo que veía.

No puedo creer lo que veo –dijo la **Princesa redundante.** Hay montañas, árboles y un hermoso lago, puedo ver montones de flores de todos colores. **Corrió a despertar al dragón.**

Yo no me he movido.

Es una sugerencia.

Entiendo.

Corrió a despertar al Dragón.

¡Mira Dragón! ¡Despierta! ¡Tienes que ver esto! La Princesa estaba muy emocionada. Hay montañas, árboles y un hermoso lago, hay montones de flores de todos colores.

El Dragón despertó, miró a la Princesa detenidamente, echó un vistazo a su alrededor y miró también al Escritor. Finalmente cerró los ojos y súbitamente dejó caer su enorme cabeza en el piso.

¡Por todos los dioses! –se quejó mientras se tapaba la cabeza con las enormes patas. Deseaba que todo fuera sólo una terrible pesadilla.

No es una pesadilla Dragón, ¿no te das cuenta?

¿De qué? –se levantó. ¿De los árboles, las montañas, el lago y las flores? Siempre han estado ahí. ¿No mirabas todo desde lo alto de la torre?

Así es –contestó la Princesa dirigiéndose de nuevo al enrejado y tomándose fuertemente de los barrotes. La nostalgia la invadió. Desde lo alto de la torre, como un sueño inalcanzable, pero ahora sólo de pensar que tengo todo esto al alcance de mi mano... –la emoción la dejaba sin palabras y un nudo le crecía en la garganta. ¡Vamos, Escritor, abre la puerta!

¿Ya tan rápido? ¿No deberíamos de hacer algo primero?

¿Algo como qué, Dragón?

Mmmm... ¿Desayunar?

¿Quién puede pensar en comer en un momento como éste?

¿Yo?

El Dragón sólo quería hacer tiempo pues sentía miedo.

¡Vamos, escritor, abre ya!
…
…
…

¿Qué pasa?

No puedo abrir la puerta.

¿Qué?

La princesa parecía desconcertada.

¿Cómo que no puedes?

Así como lo escribo, no puedo.

¿Pero por qué? Tú eres el Escritor del cuento.

Déjame te participo, querida princesa, por si no te has dado cuenta todavía, que este cuento se me está saliendo de las manos, estoy escribiendo literalmente sobre la marcha y hago lo que puedo. La puerta no se abre. ¿Por qué? Porque éste ya no es enteramente mi cuento, soy el Escritor, es verdad, pero nada de esto lo tenía yo planeado, si la puerta no se abre, es porque no la puedo abrir. Fuera de ustedes dos: la Princesa Odái y el Dragón, y fuera de las cuatro paredes de la torre…

La torre era redonda.

Es un decir, Dragón.
Ah, si es un decir entonces está bien, continúa.
Fuera de lo que era mi cuento original, no tengo poder sobre todas las cosas.

¿Quieres decir que sólo tienes poder sobre mí y el Dragón?

Creo que sí.

Pues no parece, es decir: Los hechos, que todavía no aprenden a mentir, arrojan evidencia contradictoria. –dijo el Dragón suspicaz.

Lo sé Dragón... Para que me entiendan, yo puedo escribir una mañana cálida para la princesa, puedo hacer ropa para ustedes, puedo... no sé, encargarme de ciertos detalles e incluso cambiar algunas cosas; pero habrá muchas otras que no podré cambiar y tendremos que arreglárnoslas todos juntos como mejor podamos para salir adelante.

Princesa, ¿no te entran de pronto unas ganas monumentales de regresar a la torre? Por lo menos ahí estamos seguros de lo que va a pasar.

Sí, un poco.

¡No lo puedo creer!

¿Qué?

Has hecho tanto alboroto, te saliste de la trama de mi cuento, pasaste por encima de mi autoridad poniéndome en ridículo enfrente del lector y has demostrado que el temible Dragón del Miedo casi se teme a sí mismo.

¡Oye!...

Es verdad Dragón, no eres tan temible como me parecías al principio.

¿Lo ves? Has vencido al Dragón del Miedo, estás en la puerta de salida a lo que tanto deseaste, ¿y estás a punto de darte por vencida para regresar a encerrarte en la torre?
Pues sí –dijo la Princesa muy triste, pensé que era más fuerte.

Después suspiró, dio la vuelta y se encaminó de nuevo a la torre, su cuerpo encorvado de pronto, hacía ver al Escritor que el mundo entero pesaba sobre sus espaldas.

Y colorín colorado este cuento se ha acabado.

La princesa se detuvo un momento.

¿Cómo puedo sobrevivir en un mundo sobre el que no tengo ningún control? –dijo con una profunda tristeza.

Un zumbido peculiar llamó la atención del Dragón.

¿Qué es eso?

El Dragón, haciendo bizcos, vio cómo un pequeño punto se posaba sobre su nariz.

¡Un abejorro! ¡Nadie se mueva… y yo no saldré lastimado!

Dragón, por favor, ¿qué te puede hacer un abejorro?

Mucho –dijo el pequeño insecto, soy el Abejorro del Deseo y la Curiosidad.

El Escritor estaba sorprendido, más bien, estaba anonadado.

¿Y tú de dónde saliste?

De donde salen todas las cosas –dijo el Abejorro: de la vida.

La Princesa volteó a ver al Escritor; éste sólo levantó los hombros. –Este cuento, ahora sí, ya se me salió de las manos –dijo dándose por vencido.

¿Tú no conoces a este Abejorro?

Es la primera vez que lo veo en mi vida. Yo nunca escribí un Abejorro en mi cuento original.

No pierdan de vista lo realmente importante de este asunto: ¡Lo tengo parado en mi nariz! ¡Me va a comer!

Los abejorros no comen, Dragón.

A lo mejor éste sí.

Este Abejorro tampoco come, Dragón.

¿Tú qué sabes? Tú no escribiste este Abejorro.

El Dragón tiene un muy buen punto. El Abejorro miró fijamente al Dragón, que sólo pelaba los ojos enormes. Grandes gotas de sudor perlaban su frente. Buu –susurró el Abejorro.

¡¡Auxilio!! Salió corriendo el Dragón, dando vueltas por el patio del castillo para terminar encerrándose en la torre.

El Abejorro soltó una agradable carcajada. El Dragón asomó la enorme cabeza por la puerta.

No fue chistoso.

¿Así que tú eres el Abejorro del Deseo y la Curiosidad?

Así es –respondió el pequeño insecto, regordete y simpático. He estado viéndolo todo desde lo alto de la torre y me pareció que era un buen momento para intervenir.

La Princesa lo miró dudosa.

No me tengas miedo Princesa, soy casi inofensivo –le dijo el pequeño animalito sonriente.

¿Casi? ¿Qué quieres decir con casi?

No me das miedo, Abejorro, es otro sentimiento el que me provocas.

¿Me dejas pararme en tu nariz? –preguntó el abejorro tierno.

¡Cuidado, Princesa! ¡La curiosidad mató al gato!

El Abejorro voló y se posó en la pequeña nariz de la princesa Odái. Sé que estás a punto de tomar una decisión muy importante —le dijo. ¿Puedo ayudarte?

¿Cómo me podrías ayudar tú?

Tienes miedo a vivir en un mundo sobre el que no tienes control, ¿verdad?

Así es, me da miedo no saber qué es lo que va a pasar.

Princesa —le dijo el abejorro con gran dulzura. No puedes tener el control sobre todas las cosas, no por ahora que estás enfrentándote por primera vez a la realidad. Nada es del todo seguro, la vida se debe vivir desafiando constantemente lo desconocido, porque la vida, Princesa Odái, no es estática, va cambiando constantemente.

Pero no tengo el valor para afrontar eso.

Imagina lo que podría ser tu vida si te atrevieras a cambiar —le dijo el Abejorro entusiasmado. Imagina todo lo que podrías lograr si tan sólo te atrevieras a moverte. Imagina todo lo que hay detrás de estas rejas, fuera de este castillo. Trata de pensar que esta torre, que a veces te protege de lo desconocido, también te encierra y te priva de tu libertad.

La Princesa estaba perdida en sus pensamientos, se imaginaba corriendo por los prados, experimentando y haciendo cosas nuevas, soñaba con esa independencia. Deseaba, como nunca había deseado nada en su vida, ser una princesa libre.

El Abejorro susurró: No sólo lo sueñes, Princesa, atrévete a serlo —sacudió la cola, movió las alas y un pequeño aguijón apareció. La curiosidad y el deseo a veces vencen más fácilmente al miedo que el valor —y diciendo esto pinchó la nariz de la Princesa con su pequeño aguijón.

¡¡AUCH!!! —gritó el Dragón. Sentí ese piquete en mi nariz.

La Princesa se irguió nuevamente.

Y colorín colorado este cuento aún no se ha acabado.

No dejes de imaginar nunca todo lo que puedes llegar a ser, Princesa –el Abejorro voló hasta que desapareció en lo azul del cielo.

Vamos, Dragón, ayúdame a buscar la forma de abrir esta puerta.

No, me da mucho miedo.

Está bien, lo haré yo sola.

La Princesa volteó a todas partes y de pronto se dio cuenta de algo de lo que no se había percatado antes.

¿Ya vieron el castillo?

Por extraño que parezca, el castillo era muy simple; había sólo cuatro paredes enormes que formaban una barda y en medio de ellas una sola torre. La torre donde había estado encerrada la Princesa.

¿Cómo he podido vivir en un lugar tan pequeño? No hay tiempo que perder.

Se acercó al enrejado y se dio cuenta que había un enorme candado oxidado que aseguraba una gran cadena a la reja. La Princesa comenzó a buscar algo para abrir el candado. Dio vueltas y vueltas por todo el patio del castillo, entró y salió de la torre en incontables ocasiones, pero no pudo encontrar nada. El Dragón sólo la observaba en medio del patio.

¿No me piensas ayudar Dragón?

¿A qué? Yo no tengo la llave.

¿Disfrutas estar encerrado aquí?

Me da más miedo salir que quedarme.

¡Por lo menos ayúdame a salir a mí! –suplicó la Princesa.

El Dragón sólo se llevó las manos a la cara mortificado. ¿Pero cómo?

¡Valiente Dragón bueno para nada! –la Princesa se sentó junto al Dragón mirando la puerta.

No puedo creer que esté sólo a un paso de salir de aquí y no pueda dar ese paso.

Pronto se va a hacer de noche, será mejor que prenda la antorcha.

El Dragón se levantó y caminó hacia la pared, de donde en lo alto, colgaba una enorme antorcha. Parándose sobre sus dos patas traseras el dragón alcanzó la antorcha, inhaló profundamente y con un soplido generó una bola de fuego... ¡Capaz de derretir un viejo candado oxidado!

¿Perdón?

La respuesta ha estado ahí siempre, en tus narices.

¿Me estás llamando estúpido?

¡No Dragón! Literalmente en tus narices. Puedes derretir el candado con el fuego de tus narices.

¡Oh no!

Anda, ven antes de que se haga de noche.

Princesa... ¡no puedo! De verdad no puedo. No te puedo dejar salir, me da mucho miedo.

Dragón, por favor –suplicó la Princesa.

No puedo, de verdad no puedo –dijo el Dragón del Miedo.

¡Eso es!

¿Qué es?

Eres el Dragón del Miedo y el miedo a estas alturas, ya no me asusta. Estoy decidida a salir, porque ya no puedo vivir encerrada, porque merezco buscar cosas nuevas, porque lo peor que me puede pasar en esta vida, no es lo peor que me puede pasar en esta vida, lo peor que me puede pasar en esta vida ¡es nada! Y no me voy a sentar aquí para que no me pase nada. ¡Absolutamente nada! Ya es más mi deseo y mi curiosidad. Así es que mira, Dragón –le dijo la Princesa agarrándole la cabeza y mirándolo fijamente a los ojos. No te estoy preguntando. Vas a ir directamente a esa puerta y vas a soplar tan fuerte como puedas, vas a derretir el candado y voy a salir de aquí, cuésteme lo que me cueste.

El Dragón sólo pelaba los ojos enormes.

¡Híjoles! –dijo en voz baja y casi impactado. Nunca nadie me había hablado así.

¡Muévete!

El Dragón no dijo nada. Si le contesto ahorita me mata. Se dirigió a la puerta y se paró delante del candado. Pensó por un momento y refunfuñó. Está bien, está bien, lo haré. Inhaló profundamente, aguantó el aire por un momento, cruzó los dedos de las cuatro patas y se dispuso a soplar. Pero no salió fuego de sus narices. ¿Ah, no? Sólo aire. Chihuahuas. Pero de pronto el candado comenzó a temblar. ¡Mamá! El Dragón corrió y trató de esconder su enorme cuerpo detrás de la Princesa.

¿Qué está pasando?

El candado temblaba cada vez con más fuerza y de pronto, comenzó a convertirse en polvo. Primero el candado, se desmoro-naba poco a poco, después la cadena, el polvo volaba por el aire, hasta que finalmente la reja entera se pulverizó.

¿Eso quiere decir que tengo muy mal aliento?

El arco que formaba la puerta del castillo estaba ahora abierto, el enrejado había desaparecido y delante de ellos se podía ver el bosque enorme en todo su esplendor.

Tenemos que salir, tenemos que salir, tenemos que salir –dijo la Princesa afirmándose a ella misma una y otra vez.

¿Tenemos? Me suena a mucha gente, yo me quedo aquí adentro.

La Princesa caminó lentamente, el Dragón aterrado, se tapó los ojos, Odái se paró un momento debajo del gran arco, suspiró profundamente y dio el paso definitivo para salir del castillo.

El Dragón estaba sentado adentro del castillo tapándose los ojos y mirando por las pequeñas ranuras de sus dedos entreabiertos.

Cuando la Princesa dio el paso para salir, las paredes del castillo y la torre comenzaron a hacerse transparentes.

El Dragón asustado, se tapó los ojos, ya ni siquiera quería ver por las ranuras de sus dedos. Y de pronto todo el castillo desapareció; la torre, las antorchas, el piso, las paredes... ¡todo!

¿Todo?

¡Todo!

Chihuahuas.

Sólo quedó el Dragón sentado en medio de una pradera verde y la Princesa sonriente delante de él. La Princesa era libre al fin, para vivir y ser lo que siempre había soñado.

Y colorín colorado este cuento se ha acabado.

¡¿Estás loco?!

¿Por qué?

¿Cómo crees que aquí se va a acabar el cuento?

A mí me parece un buen final.

A mí también.

Ya conseguiste lo que querías Odái, eres libre.

¿Y?

¿Y qué?

¿Y qué más?

No lo sé Princesa, mi cuento originalmente terminó... ¡hace como 22 páginas!

¡Pero falta!

¿Qué falta?

Todo lo demás, no puede acabar aquí así como así.

Este cuento tiene que terminar algún día, ¿sabes?

Sí, pero no ahorita.

Pero este es un buen final, estás contenta, saliste del castillo, venciste al Dragón del Miedo. Es un muy buen final. ¿Estás de acuerdo?

Estoy de acuerdo. Que este sea... ¡un final de capítulo! —me dijo la Princesa sonriente como si esa fuera una gran idea.

No puedo hacerlo final de capítulo, acabo de empezar el capítulo tres.

Pues tampoco puedes terminar un cuento comenzando el capítulo tres, eso es absurdo.

Tal vez éste todavía es el capítulo dos.

¡No! Ya escribí el numero tres al principio de la hoja pasada. ¿No te diste cuenta, Dragón?

No, me estaba tapando los ojos... ¿No te diste cuenta, Escritor? –me contestó el Dragón mal educado. Chihuahuas.

Bueno, termina el capítulo y sigamos con la historia, que me muero por saber qué va a pasar. ¿En qué momento se me ocurrió escribir este cuento? ¡Acaba ya, que no aguanto más!

Está bien... decía, sólo quedó el Dragón sentado en medio de una pradera verde y la Princesa sonriente delante de él. La Princesa era libre al fin, para vivir y ser lo que siempre había soñado.

Y colorín colorado este cuento aún no se ha acabado.

(por absurdo que parezca)

El castillo había desaparecido por completo, Odái y el Dragón estaban entre asustados y contentos... mejor dicho, el Dragón estaba aterrado y Odái estaba feliz.

¿Qué va a pasar ahora? ¿Dónde voy a vivir? −dijo el Dragón atormentado.

No hagas berrinche, Dragón.

Está bien, no hago berrinche. ¡Felicidades, Princesa! ¡Lo lograste! Ya estamos afuera, y ahora sí: BIEN AFUERA y sin posibilidades de volvernos a meter. ¿Por qué?... ¡Porque ya no hay donde meternos!

¿Podrías dejar de quejarte y disfrutar un poco de lo que nos está pasando?

Está bien... ¡Ay, qué inusitado! −dijo el Dragón irónico. ¡Wow! ¡Una pradera verde! Estoy verdaderamente realizado... era todo lo que necesitaba en la vida.

El Dragón corrió un poco por la pradera como saltando de flor en flor, la Princesa lo miraba enojada. Y el Narrador estaba muy divertido porque el Dragón se veía verdaderamente ridículo.

¡Mmmmmm! –dijo el Dragón oliendo unas flores. ¡Qué hermoso aroma! ¡Tan refrescante! –Se acercó a otro ramillete de flores y volvió a inhalar con fuerza... ¡¡Mmmmmm!! –Pero esta vez sintió que se ahogaba. ¿Qué pasa? –dijo el Dragón mormado con la nariz tapada.

El Dragón levantó la cabeza y miró a la Princesa. Del orificio derecho de su nariz salían dos pequeñas piernitas que se movían desesperadas.

¡Sáquenme de aquí! –gritó una vocecita.

El Dragón peló los ojos al oír que la vocecita le retumbaba en la cabeza.

¡Dragón! ¡Tienes a alguien metido en la nariz!

¿Qué hago? –preguntó el Dragón mormado.

¡Tienes que soplar! Animal enorme –gritó la voz exasperada.

El Dragón se dispuso a soplar... inhaló con fuerza y peló aún más grandes los ojos.

¡Inhala por la boca por el amor de Dios! –gritó atemorizada la vocecilla, mientras sus piernas se hundían más en la nariz del Dragón.

El Dragón inhaló por la boca, aguantó un momento el aire, cerró los ojos y sopló fuertemente... De su nariz salió una enorme llamarada y una pequeña bola de fuego rodó por el suelo hasta chocar contra un árbol... Al extinguirse el fuego sólo quedó acostado sobre sus espaldas... con las piernas al aire, un chamuscado y humeante... duendecillo.

Perdón niño, no te vi.

¡No soy ningún niño! –dijo el duendecillo como enojado.

¡Tampoco soy un duendecillo! –dijo... el... pequeño... ¿hombre chamuscado? Soy el celador del castillo del Dragón del Miedo.

¿Eres el qué?

Soy el celador –repitió el pequeño... celador molesto. Soy la persona destinada por la autoridad para ejercer vigilancia sobre el castillo del Dragón del Miedo.

Yo soy el Dragón del Miedo. ¿Por qué no había oído hablar de ti antes? –preguntó el Dragón sospechoso e inteligentemente. Dragón, tú no puedes narrarte a ti mismo. ¡Qué lástima, chihuahuas, me había salido tan bien! En fin. ¿Por qué no había oído hablar de ti antes? –preguntó el Dragón sospechoso e inteligentemente.

Porque los dragones del miedo no saben casi nada –le dijo el pequeño celador. ¿Podrías dejar de llamarme pequeño celador? Me llamo Bonsái.

El Escritor no pudo evitar soltar una carcajada. ¿Bonsái? Está bien... entonces: le dijo Bonsái.

¿Qué quieres decir exactamente con eso de que los dragones del miedo no sabemos casi nada?

Pues eso –contestó Bonsái el celadorcito. Es bien sabido que los dragones negros del miedo son ignorantes, por eso tienen tanto miedo.

Ahora sí me está diciendo estúpido, ¿verdad?

Y a las pruebas me remito –dijo Bonsái divertido mientras se sacudía la pequeña ropita humeante.

¿Y cuál es tu trabajo, Bonsái?

Eso es exactamente lo que voy a hacer ahora –y diciendo esto, se metió detrás de un arbusto.

La Princesa Odái no entendía muy bien lo que estaba pasando, y el escritor tampoco. El Dragón estaba sentado con el ceño fruncido, inmerso en sus pensamientos, el Escritor no podría decir qué le estaba pasando por la cabeza en ese momento al Dragón.

¿Será que sí me habrá querido decir estúpido?

El arbusto se movía y una serie de ruidos extraños se escucharon. Después de un momento volvió a salir Bonsái. Esta vez vestía un muy bonito traje color dorado, llevaba un pliego de papel enrollado en una mano; y en la otra, un pequeño banquito de madera, con la parte superior forrada en terciopelo rojo. Caminó al centro de la pradera, donde antes había estado el castillo, subió a su pequeño banquito, se acomodó la ropa, carraspeó la garganta, desenrolló el pliego de papel y comenzó a leer muy formal y muy serio.

Todos presentes en la vida –leyó, a tantos del tantos del tantos. Carraspeó de nuevo la garganta y continuó leyendo. Si el celador Bonsái se encuentra parado en medio de la pradera con su ropa ceremonial de color dorado, si está subido en su banquito de madera con aterciopelado rojo y además, está leyendo este pergamino, será muy importante comprobar la existencia de un castillo en los alrededores. Bonsái bajó el pergamino y volteó para todas partes echando un vistazo sospechoso... después de un momento continuó leyendo. Si Bonsái sigue leyendo este pergamino es porque no hay castillos en los alrededores, por lo cual, se puede concluir de manera inequívoca que el castillo del miedo ha desaparecido y esto nos indica solamente que el Dragón del Miedo ha sido vencido. ¡Bravo!

Se oyeron unas fanfarrias. Odái miraba sobrecogida a Bonsái y el Dragón aplaudía emocionado.

¡Bravo, bravo!

Yo, el celador Bonsái –continuó leyendo Bonsái, certifico dicho acontecimiento. Y con todo el poder que me confiere la ley de la vida, escrita en el gran libro de la vida, en su artículo dos millones treinta y cuatro inciso R –tomó aire, decreto y ordeno que el negro Dragón del Miedo, que se ha quedado sin casa, pase directamente a ser propiedad ahora, de la persona que lo ha vencido. El Dragón dejó de aplaudir y la Princesa volvió a abrir la boca enorme. La ley ha hablado.

Enrolló el pergamino, bajó de su banquito, lo cargó y se metió de nuevo atrás del arbusto. La Princesa y el Dragón lo siguieron.

Un momento. ¿Eso quiere decir que yo soy ahora responsable del Dragón?

Un momento, eso quiere decir… ¿Qué quiere decir eso exactamente?

Bonsái no salió del arbusto, sólo se oía su voz.

Eso quiere decir lo que dije –dijo Bonsái. La Princesa tiene que hacerse cargo ahora del Dragón.

¿Pero por qué?

Porque esa es la ley.

Pero yo no sé ni siquiera qué voy a hacer. ¿Cómo voy a hacerme responsable de este Dragón enorme si ni siquiera sé qué voy a hacer yo de mi vida?

Ése no es mi problema –dijo Bonsái desde el arbusto.

¿Podrías salir de ahí atrás y explicarme por qué?

No.

¡Escritor! –me pidió ayuda la Princesa.

A mí no me veas, no puedo hacer nada.

Algo podrás hacer, ¿no? Haz que salga del arbusto.

De repente el Dragón del Miedo tuvo una idea.

¿Yo?

Caminó al arbusto.

¿Yo?

¡Sí, tú! ¡Camina al arbusto!

Bueno –caminó al arbusto. ¿Y ahora? –mientras decía esto tomaba aire para quemar el arbusto. ¡¿Yo?! ¿No me estarás confundiendo?

¡Dios mío!… Está bien, olvídalo.

El arbusto desapareció mágicamente, descubriendo así a Bonsái que estaba sentado en su banquito comiendo unas galletas.

¡Hey! ¿Qué pasa? –dijo Bonsái sorprendido.

¿Por qué me tengo yo que hacer responsable del Dragón?

¡Ay Dios! –suspiró Bonsái. ¿Por qué nadie está nunca conforme con la ley de la vida? Si aprendieran a escucharla y a seguirla, las cosas serían siempre mucho más fáciles. A ver, vamos a ver.

Tomó su banquito y se acercó a la Princesa.

Ven, siéntate –le dijo Bonsái mientras se sentaba en el banco.

La Princesa impaciente se sentó en el piso junto a él.

Dragón, ¿te puedo pedir un favor?

¿Ajá?

Veme a buscar la cukarita que dejé atrás de ese árbol –Bonsái señaló el árbol más lejano que había a la vista.

Sí, claro –dijo el Dragón y salió corriendo. Bonsái se quedó sólo con la Princesa Odái.

Tú has vencido al Dragón, Princesa –le dijo Bonsái, pero el Dragón nunca se ha mandado solo, en realidad los negros dragones del miedo no piensan por ellos mismos, se alimentan de ti, hacen lo que tú quieres, has vivido presa en esa pequeña torre tanto tiempo porque tú así lo habías decidido.

¿Yo lo había decidido así? Pero si siempre había deseado salir.

Así es, lo habías deseado, pero no lo habías decidido.

Estaba esperando la señal.

¿Qué señal? ¿Quién te dijo que habría una señal? –la **cuestionó Bonsái.**

La Princesa volteó a ver al Escritor de una manera… *non grata.*

No busques más culpables porque no los hay –le dijo Bonsái. Te hayan dicho lo que te hayan dicho, la única verdad es que tú optaste por creer lo que te convenía creer. Y la mejor prueba está en que cuando decidiste salir, lo hiciste, te diste a ti misma la señal y dominaste al Dragón del Miedo.

¿Pero por qué me tengo que quedar yo ahora con él? No es que no lo quiera, pero…

Ese Dragón del Miedo es tuyo –interrumpió Bonsái, siempre ha sido tuyo. Es un regalo que la vida te dio, pero no has sabido utilizarlo. Habías dejado que te dominara por tanto tiempo, que acabaste por creer que él era quien te esclavizaba y te mantenía atrapada, pero no es así, tú te atrapaste a ti misma.

¿Yo? ¿Pero por qué hice eso?

Eso ya no te lo puedo contestar, tú tienes que averiguarlo –le dijo **dulcemente.** Anda tu camino ahora y busca las respuestas. Lleva al Dragón contigo, es tu responsabilidad, es parte de la responsabilidad de ser libre.

Nunca se me va a quitar el miedo entonces.

No, nunca. Pero el miedo puede ser bueno, ya lo entenderás.

El Dragón regresó corriendo, estaba agotado y jadeante.

Busqué por todas partes señor celador Bonsái, pero... ¿qué es una cukarita?

Olvídalo Dragón, ya la encontré, gracias. –y diciendo esto tomó su banquito y desapareció en el hueco de un árbol.

¿Qué pasó?

Nada, Dragón. –le dijo la Princesa, que por primera vez miraba al Dragón con ternura y con cierta familiaridad que le provocaba un cariño inexplicable.

¿Te vas a ir? ¿Me voy a quedar solo? –preguntó el Dragón mientras las comisuras de sus labios se dejaban caer y su mirada se entristecía.

No, no te dejaré solo, nos vamos juntos.

Pero... –la mirada del Dragón cambió entre alegre y angustiadísimo. ¿A dónde? ¿Dónde vamos a vivir? ¿Qué vamos a hacer? ¿Qué va a pasar? El Dragón estaba aterrado.

Odái lo miró un momento y sonrió. Sabía que no tenía respuestas para las preguntas del Dragón y sentía un poco de miedo por esto, pero de alguna manera confiaba en lo que Bonsái había dicho. (La ley de la vida. Si aprendieran a escucharla y a seguirla, las cosas serían siempre mucho más fáciles.) Tenía que aprender a confiar.

¿Qué vamos a comer? ¿Cómo vamos a salir adelante? No sabemos hacer nada, no tenemos dinero, no tenemos comida, no tenemos trabajo, no tenemos familia, estamos solos...

El Dragón continuó y continuó, dando vueltas, llevándose las manos a la cara, gritando, ansioso, angustiado, desesperado...

¿Qué puedo yo decir? Es mi Dragón y algo bueno debe de tener para mí –Odái sonrió entre contenta y asustada.

¿Qué peligros nos esperan? ¿Y si nos asaltan? ¿Y si nos raptan? ¿Y si nos comen? No tenemos casa, no tenemos un techo, estamos rodeados de bosque, el bosque puede ser peligroso...

Llegó la noche y se quedaron dormidos.

Habían pasado ya varias horas desde que la Princesa Odái y el Dragón se despertaron. Habían dado vueltas por la pradera, tomado varios caminos que se adentraban en el bosque, pero lamentablemente todos estos caminos llevaban a un lugar sin salida. Regresaban, probaban otro camino, pero éste terminaba también en una piedra, o en un árbol enorme, o en algo que les impedía seguir caminando. Después de mucho tiempo se encontraban sentados a la sombra de un gran árbol.

¿Por qué todos los caminos son como callejones sin salida?

No lo sé, Dragón, no lo sé.

No debimos de haber salido nunca del castillo.

Eso mismo estoy pensando yo.

Tengo hambre.

Yo también.

Veo que no ha pasado mucho desde la última vez que nos vimos.

Sí, han pasado muchas horas, y ahora estoy pasando mucha hambre.

Hay que confiar en la vida, ¿no? Algo podré hacer... déjenme ver... ya está:

De lo que la Princesa Odái y el Dragón no se habían dado cuenta, era que estaban descansando a la sombra de un hermoso árbol lleno de higos.

Los higos me producen gases.

¡Fresas! Ricas y deliciosas fresas.

Las fresas no se dan en árboles, Escritor.

¡Manzanas! Era un hermoso árbol lleno de manzanas jugosas.

Gracias, Escritor.

El Dragón, levantándose en sus dos patas traseras bajó muchas manzanas para él y para la Princesa. Y comieron. Provecho.

Gracias.

¿Tú gustas, Escritor?

No, gracias, yo acabo de desayunar unos huevos con jamón.

Los dos se quedaron viendo al Escritor, se podía notar en sus miradas una envidia creciente... pero el Escritor no podía hacer nada y tendrían que conformarse con las manzanas.

Cuando terminaron de comer se sentían más animados y con mejor disposición para seguir buscando un camino que los llevara a alguna parte.

Aunque aún con hambre.

Se levantaron y volvieron a tomar un camino.

Espero que ahora sí, éste sea el camino correcto.

Caminaron largo rato, a veces se detenían a descansar y continuaban. Por fin entre los árboles se distinguía un espacio abierto. La Princesa se emocionó y quiso correr, pero la enorme pata del Dragón pisó su vestido.

¿A dónde vas? –preguntó el Dragón temeroso.

A ver qué es ese espacio que se abre a lo lejos, tal vez ya llegamos a alguna parte, Dragón.

¿Y así nomás te vas a echar a correr?

No seas miedoso –y diciendo esto comenzó a correr.

El Dragón corría tras ella.

Me da más miedo quedarme solo que correr con ella.

Más por miedo que por compartir con la Princesa su ansiedad.

De pronto el Dragón sintió algo en el pecho.

Esto no me gusta y me da miedo –dejó de correr y tomó a la Princesa del vestido, la Princesa se detuvo en seco y cayó al suelo.

El Escritor no podía creer lo que veía, el Dragón había detenido a la Princesa justo a tiempo, pues delante de ellos se encontraba un abismo y la Princesa había estado a punto de caer en el.

¡Dios mío! –dijo la Princesa reponiéndose del susto.

¡Si no me he detenido, te caes Princesa, y colorín colorado este cuento, ahora sí, se habría acabado!

La Princesa se levantó… más bien trató de levantarse, pero no pudo porque las piernas le temblaban todavía. Vio al Dragón a los ojos, éste estaba pasmado y la seguía sujetando fuertemente del vestido.

Tu miedo me ha salvado la vida, Dragón.

No me pregunten de dónde salió, porque no lo vi, pero Bonsái estaba ahí parado en su banquito. Carraspeó la garganta, extendió otro pergamino y leyó.

Todos presentes en la vida –leyó, a tantos del tantos del tantos. –Carraspeó de nuevo la garganta y continuó leyendo. Si el celador Bonsái se encuentra parado con su ropa ceremonial de color dorado, al borde de un precipicio, al final de uno de los caminos que vienen desde la pradera; si está subido en su banquito de madera con aterciopelado rojo y además está leyendo este pergamino, será muy importante comprobar si está parado al borde del Cañón del Viento. Bonsái bajó el pergamino y volteó para todas partes echando un vistazo sospechoso... después de un momento continuó leyendo. Si Bonsái sigue leyendo este pergamino es porque éste es, en efecto, el Cañón del Viento. Si hay un dragón aterrado, agarrando a una princesa del vestido tirada en el suelo y si ninguno de los dos ha caído por el precipicio, se puede concluir de manera inequívoca que la Princesa entiende ahora la función del Dragón en su vida y sabrá apreciarlo. Oírlo cuando sea necesario y callarlo cuando la paralice. ¡Bravo!

Se oyeron de nuevo unas fanfarrias. Odái seguía jadeando y el Dragón dejaba salir un casi inaudible...

Bravo –y volvió a tomar aire, como si con esa palabra se le fuera la vida.

Yo, el celador Bonsái –continuó leyendo Bonsái, certifico dicho acontecimiento. Y con todo el poder que me confiere la ley de la vida, escrita en el gran libro de la vida, en su artículo un millón ciento veintiséis mil... –tomó aire, dos, decreto y ordeno que siga este cuento. La ley ha hablado.

Bajó del banco, lo cargó y volvió a desaparecer. La Princesa se levantó, el Dragón no la soltaba del vestido.

Ya pasó, Dragón, ya me puedes soltar. Gracias.

Estuvo cerca, Princesa.

Estaban en el Cañón del Viento, que por cierto era un lugar maravilloso. No era el Cañón del Colorado, ni el Cañón del Sumidero, pero era un cañón bastante admirable. Desde donde estaban parados se podía ver cómo se abría la tierra y al fondo del cañón un pequeño riachuelo pasaba tranquilamente. La primera sensación que tuvieron al ver ese vacío fue un vértigo terrible.

¡Ay Dios, no me vaya yo a caer! –y se sujetó fuertemente de un árbol.

¡No es posible! –se quejó amargamente la Princesa. ¡Otro camino sin salida y sin final! Recorrimos ya todos los caminos y no hay nada. Hemos caminado todo el día. Ya pronto va a obscurecer y no hemos logrado nada. ¿Para qué me salí de la torre? ¿De qué me sirvió si estoy peor que antes? ¿De qué se trata esto? ¿No debería encontrar algo maravilloso? No es justo. Vencí al miedo ¡y ahora estoy más atrapada que nunca! La Princesa se sentó a llorar entristecida.

No llores, Princesa, por favor. ¿Qué hago Escritor?

No lo sé.

¡No vamos a salir de aquí nunca jamás! La Princesa estaba verdaderamente desconsolada. Grandes lagrimones rodaban por sus mejillas.

No, no digas eso Princesita, mira, voy a buscar algo que nos saque de aquí antes de que anochezca, no te muevas. Ahí te la encargo, Escritor. Y el Dragón salió corriendo, perdiéndose entre los árboles del bosque.

Pasó largo rato, la Princesa lloró y lloró y lloró… hasta que no pudo llorar más. El Escritor la dejó llorar porque él, en lo personal, siempre ha pensado que el llanto es muy bueno, que ayuda a desahogarse y que hay que dejar llorar libremente a las personas que lo necesitan.

De repente la Princesa se paró cerca del desfiladero y miró hacia la profundidad, podía ver las piedras, el riachuelo, las plantas y todo lo que la rodeaba, todo estaba ahí.

¿Cuánto tiempo lleva esto aquí? –pensó.

Aunque el Escritor piense que todo es posible, no dejó de sorprenderse cuando escuchó claramente que el Cañón del Viento comenzó a reírse a carcajadas, parecía que se burlaba de la Princesa.

¿Cuánto tiempo llevo aquí, Odái? –dijo el Cañón. Años, muchos años, mucho antes de que los padres de tus tatarabuelos pensaran siquiera tener una descendencia –parecía que el Cañón estaba moviéndose lentamente, tan lento que era imperceptible, pero se movía… lo juro. He estado aquí desde que el mundo es mundo.

La Princesa volvió a llorar. La voz del Cañón se elevó de manera sorprendente.

¡Eres una tonta! –le dijo el Cañón. ¡Mírate! ¡Mira tus preocupaciones, son todas ellas tan insignificantes! Tu vida es tan corta y tan pequeña, que pasará, como todo lo que pasa y yo seguiré aquí; transformándome poco a poco. No eres nada ante la inmensidad del universo.

¿Por qué me dices eso? ¿No ves que estoy muy triste porque todo está en mi contra?

¿En verdad crees que eres tan importante? –preguntó el Cañón. ¿En verdad crees que el mundo entero se va a parar por tus problemas o por tus miedos? ¡Nunca! Aunque así lo parezca, no es así, deja de atormentarte con naderías, deja de llenar tu corta vida con miedos y angustias que no te llevarán a ningún lado.

Pero si no sé que me depara el futuro.

¿Qué te importa el futuro? –rugió el Cañón. ¿Por qué te afanas en buscar la seguridad en todo? De lo único que puedes estar segura es de que en unos años ya no estarás aquí, disfruta de lo que tienes.

Pero si no tengo nada.

Tienes todo lo que necesitas –dijo el Cañón. Atrévete a vencer el vértigo que te provoca la vida y ¡¡aviéntate!! Aviéntate como el águila que se tira de su nido por primera vez para descubrir que puede volar. Aprende de ella, aprende de su confianza en la vida. Eres un ser perfecto como todo lo que te rodea, y entiende que tienes, como todo en la naturaleza, una misión específica búscala, encuéntrala y descubre en ti la razón de ser y de existir.

El Cañón se quedó en silencio y sólo se escuchó el viento correr, y a lo lejos… la voz del Dragón gritando que había encontrado unos huevos para la cena.

Van a estar muy ricos, Princesa.

Esa noche, la Princesa no pudo dormir, las palabras del Cañón le taladraban en la cabeza.

¿Qué significa mi vida? –pensaba. ¿A dónde me dirijo ahora? ¿Qué hago aquí? ¿Cómo fue que me metí o me metió la vida en esto?

El viento que salía del Cañón del… Viento le susurraba al oído.

Hay ocasiones en las que sólo necesitas ver un poco más allá para darte cuenta de que hay todo un mundo de maravillas, de opciones y de variedades; un mundo lleno de posibilidades.

Por supuesto que no estoy segura de lo que estoy haciendo, pero nunca estaré segura de nada si no me atrevo a darme la oportunidad de hacer las cosas, de sentir y de vencer el vértigo.

Volteó a ver el vacío, sintió vértigo, pero esta vez pensó diferente.

Mañana te venceré vértigo, estoy segura de eso.

La Princesa se acurrucó al lado del Dragón, que llevaba ya varias horas dormido, descansó su cabeza en una de las enormes patas y se quedó profundamente dormida.

El Cañón comenzó a moverse lentamente, el Escritor estaba sorprendido. Las piedras crujían, la tierra temblaba y todo se movía.

Eso era todo lo que necesitaba escuchar de ti, Princesa —susurró el Cañón casi inaudible, tu deseo verdadero de vencer el vértigo y salir adelante. Mañana te espera una sorpresa.

Diez de la mañana.

Era una mañana fresca, el rocío humedecía las ramas de los árboles, el Dragón abrazaba a la Princesa dulcemente como protegiéndola. El Escritor estaba con la boca abierta viendo el cañón…

Pero ha decidido no narrar nada hasta que la Princesa despierte y lo descubra primero.

El Escritor decidió ir a dar una vuelta mientras los dos personajes principales se levantaban. El Escritor hace esto porque él, en lo personal, piensa que dormir es algo maravilloso y uno tiene que dormir lo suficiente y así reunir fuerzas para vivir.

Para estar tan agobiada la Princesita dormía BASTANTE bien.

La Princesa despertó pasadas unas cuantas horas… de hecho varias horas… Si a mí me lo preguntan, Odái es medio flojita… En fin, la Princesa por fin se levantó… por ahí de las doce treinta del mediodía.

Buenos días, Princesa.

Buenos días, Escritor.

¿Cómo estás?

No lo sé... un poco angustiada, un poco preocupada, un poco ansiosa...

Pero nada que te quite el sueño, ¿verdad?

El Dragón se estiró también.

Buenos días.

Buenos días, Dragón.

Buenos días, Dragón.

¿Qué aventuras nos esperan ahora, Princesa? ¿Por cuáles otras fantásticas emociones nos vas a hacer pasar el día de hoy?

Hoy hay mucho que hacer –dijo la Princesa levantándose. Tengo que buscar la forma de vencer el vértigo de vivir y tengo que cruzar el cañón, ya estoy decidida a hacerlo.

Cuando la Princesa volteó no podía creer lo que veía.

¡No puedo creer lo que veo! –dijo de nuevo la Princesa redundante.

¿Y ahora qué pasó? –el Dragón vio el cañón. ¡Órale!

El cañón se había movido durante la noche. Había subido y bajado, las piedras habían crujido y ahora un puente se alzaba enorme ante la Princesa y el Dragón, un puente que les permitía cruzar al otro lado.

¿Cómo pudo pasar esto? –preguntó sorprendida Odái.

Confiaste en la vida Princesa, confiaste en ti –se oyó la voz del Cañón.

¿Y ya? ¿Eso fue todo?

Ahora se te hace fácil –dijo el Cañón. Pero recuerda todas las veces que no lo has hecho, recuerda cuando te sentías desesperada o cuando te encerraste en el castillo, en esas ocasiones no confiaste en la vida, no confiaste en ti.

Gracias por abrirme el camino.

Yo no he hecho tal cosa –respondió el Cañón. El puente siempre ha estado aquí, pero estabas tan ofuscada que no lo veías, a veces las cosas más evidentes sólo se pueden ver desde la tranquilidad, cuando aquietas tu mente y te relajas.

Eso suena lógico.

¿Con quién hablan, perdón?

Hablamos con el Cañón, ¿no lo escuchas, Dragón?

No.

Los dragones del miedo son sordos ante la voz de la vida – explicó el Cañón. El miedo no puede oírme; y si no tienes cuidado Princesa, a veces tampoco te dejará a ti que me oigas. En muchas ocasiones la voz del miedo grita más fuerte que la voz de la vida.

La Princesa pensó un momento.

No –respondió el Cañón. No es tan fácil, Princesa.

¿Qué no es tan fácil? –preguntó el Escritor, que evidentemente se había perdido de algo.

¿Puedes escuchar lo que pienso, Cañón?

Sí, y te digo que no es tan fácil; No puedes deshacerte del Dragón.

¡¿Tú pensaste eso, Princesa?!

Me pasó por la cabeza, fue casi inconsciente.

¡¿Alguien me podría explicar qué sucede!? ¿De qué platican? No me gusta no saber qué está pasando.

La solución no está en deshacerte del Dragón –dijo el Cañón, porque a veces la vida te hablará a través de él.

Esto es más difícil de lo que yo pensaba.

Nadie nunca dijo que vivir fuera fácil Princesa, pero una vez que le agarras el modo es demasiado divertido como para no hacerlo.

¿Divertido? Pero si no entiendo nada.

¿Sí saben que es de mala educación secretearse?

Es muy divertido vivir –sonrió el Cañón. Imagina lo que sería tu vida si lo supieras todo, si siempre supieras qué va a pasar...

Sería maravilloso.

Al principio sí –explicó el Cañón. Pero después sería una vida demasiado aburrida.

Si no me dicen qué está pasando me voy a comenzar a molestar.

No pierdas más tiempo aquí Odái, ya es hora de que te marches, sigue el puente y cruza al otro lado.

¿Y qué hay del otro lado?
Eso es lo que vas a descubrir, pero sea lo que sea, bueno o malo, siempre recuerda que la vida es una gran aventura Princesa, y que siempre vale la pena vivirla. Confía. Y no te falles a ti, a mí, al Escritor, a la vida y a todos los que creemos en ti tal vez más de lo que tú crees en ti.

¿Tú crees en mí? ¿La vida cree en mí?

No estarías viva si no fuera así.

¿Tú crees en mí, Escritor?

Yo no te habría escrito si no creyera en ti, Odái... No eres exactamente lo que tenía planeado... Pero comienzo a creer que has sido mucho mejor de lo que yo esperaba.

¡Muchas gracias! ¿Y tú crees en mí, Dragón?

Yo creo que ya he sido ignorado mucho tiempo, no sé de lo que estén hablando y me reservo mi opinión por no estar bien informado del asunto.

Sigue tu camino Princesa y recuerda que en esta vida no hay nada que temer.

El Cañón se calló, una fuerte ráfaga de viento se levantó y sacudió el cabello de la Princesa, alborotando su vestido. La Princesa sintió el viento rozar su cara y su piel y no pudo evitar pensar que era el Cañón quien la acariciaba.

No –dijo la princesa tierna y feliz, no es el Cañón, Escritor...

Y al decir estas palabras el viento arreció como si escuchara a la Princesa.

Odái estaba parada al principio del puente, encima de un gran precipicio, el río se escuchaba pasar debajo a lo lejos, el cielo era azul claro, el clima era perfecto, el sol brillaba glorioso, las nubes eran más blancas que nunca, los árboles, de muchos verdes intensos y contrastantes, se movían a merced del viento... se podía sentir, se podía oler, se podía respirar sólo una cosa... ¡Vida! –dos lágrimas rodaron por las mejillas de la Princesa hasta llegar a una gran sonrisa que le llenaba la cara.

Al cruzar el puente el paisaje era distinto. Grandes pinos se levantaban hasta perderse entre las nubes obstruyendo el paso del sol. El piso estaba cubierto de pequeñas ramas secas que impregnaban el ambiente de un olor maravilloso y el aire era un poco frío, pero la Princesa encontró sobre una piedra una manta de lana deliciosa que el Escritor puso ahí especialmente para ella.

Gracias, Escritor.

La Princesa se cubrió y se adentró en el bosque, el Dragón la seguía.

Esto no me gusta nada, esto no me gusta nada, esto no me gusta nada, esto no me gusta nada, esto no me gusta nada, esto no me gusta nada, esto no me gusta nada, esto no me gusta nada, esto no me gusta nada... El Dragón del Miedo respiró y un olor peculiar hizo que se olvidara un poco de su ataque de pánico. ¿Salchichas? Era un olor a comida. ¿Huevos? Alguien estaba cocinando por ahí. ¿Quesadillas?

MMMMM –inhaló la Princesa. ¿Hueles eso, Dragón?

Delicioso.

Alguien debe estar cocinando algo aquí cerca, creo que el olor viene por allá.

El Dragón no lo pensó dos veces y caminó delante de la Princesa.

Parece que el hambre domina al miedo.

Con hambre, Princesa, uno es capaz de todo, hasta de escribir un libro.

La Princesa siguió al Dragón que a su vez seguía el olor. Llegaron por fin a un claro del bosque y, en efecto, ahí estaba una pequeña mujercita cocinando en una diminuta vasijita.

Hola –dijo el Dragón, más con las tripas que le rechinaban que con la boca.

Hola, buenos días –contestó la mujercita con alas. Soy un hada. Yo nunca le atino en este cuento. En fin, dijo el hada.

Tenemos mucha hambre –dijo el Dragón yendo directamente al grano.

Pues llegaron justo a tiempo –contestó el hada, que seguramente tendría un nombre. Me llamo Pía.

Un escritor nunca acaba de sorprenderse.

¿Quieren comer? –preguntó Pía.

¡Claro!

Pero tienes muy poca comida en tu pequeña vasija.

Tú no te fijes en eso Princesa, donde come uno comen cuatro.

Hay suficiente comida para alimentar a un ejército de dragones –dijo Pía.

¿De verdad?

Sólo hay una manera de saberlo, ¿cierto? –y diciendo esto sacó dos platos, dos cucharas y les sirvió comida a la Princesa y al Dragón.

Comieron la sopa alegremente y después pidieron más. Pía les volvió a servir y comieron el segundo plato alegremente también... y pidieron más. Pía sonrió y les sirvió más sopa... después de cuatro platos estaban satisfechos.

Está delicioso. ¿Cómo puede haber tanta comida en una vasija tan pequeña?

Es una vasija mágica –contestó Pía. Es mi obligación darle de comer a todo el que pase por aquí.

¿De verdad? ¿Por qué? ¿Quién eres tú?

Soy el Hada del Recuerdo –dijo Pía tapando su vasija. Cuido la Cueva del Pasado.

¿Y dónde está esa cueva?

Aquí –respondió Pía naturalmente.

¿Aquí?

Así es, ésta es la entrada de la Cueva del Pasado.

Yo no veo nada.

No, no la ves –dijo Pía. Porque sólo la pueden ver quienes quieren recordar.

¿Recordar... qué?

No lo sé, cada cual tiene su propia historia que recordar.

La Princesa pensó un momento.

¡Oh, no!

¿Yo tendré algo que recordar?

Uno no sabe si tiene algo que recordar, si lo supiera lo recordaría.

¿Entonces?

Bueno **–dijo Pía,** cuando sientes que algo falta, cuando las cosas no van bien en tu vida, cuando estás ansiosa, deprimida, cuando tienes un vacío en tu corazón, es muy probable que algo tengas que recordar.

No entiendo.

No siempre somos lo que somos, en ocasiones somos lo que alguna vez fuimos. Cuéntame tu historia, lo que recuerdes.

Pues no hay mucho que contar en realidad, he vivido mi vida encerrada en una torre, custodiada por el Dragón del Miedo.

Mmmmm **–Pía se rascó la barbilla.** Eso es muy común.

¿De verdad?

Así es, muchas personas se encierran en el castillo del miedo. Primero porque ahí se sienten seguras de alguna manera y después acaban por olvidar que ellos mismos se encerraron ahí y les cuesta mucho trabajo salir. Pero como tú estás aquí y como te has comido cuatro platos de sopa, debo suponer que has vencido al Dragón negro del Miedo... ¿es él? **–preguntó Pía señalando al Dragón.**

Así es.

Pía dio vueltas mirando al Dragón que estaba sentado con las patas abiertas y con cara de inocente.

Es un Dragón muy grande, lo has de haber alimentado por mucho tiempo. ¿Te costó mucho trabajo vencerlo?

En realidad no, pensé que sería difícil pero ya en el momento fue muy fácil.

También eso es normal, los negros dragones del miedo vociferan más de lo que deberían.

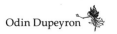

Hola, qué tal, sigo aquí sentado y estoy oyéndolo todo.

Cuando te das cuenta y aprendes a controlarlos, los negros dragones del miedo son verdaderamente inofensivos.

Esto es humillante.

¿Y cómo sabes que llevas encerrada toda tu vida en la torre? –preguntó Pía.

No lo sé… lo supongo…

¿Desde cuándo te encerraste ahí? –volvió a preguntar.

No lo sé, creo que hay muchas cosas que no sé.

Eso sólo quiere decir que hay muchas cosas que debes investigar –concluyó Pía.

¿Y eso lo puedo saber en la Cueva del Pasado?

Sí, muchas de las respuestas a nuestras dudas actuales se encuentran en el pasado, siempre es bueno saber de dónde vienes para entender a dónde vas.

¿Y cómo puedo entrar a la Cueva del Pasado?

Primero tienes que creer en todo lo que te he dicho.

Lo creo.

¿Estás dispuesta a entrar sin importar lo que descubras?

La Princesa dudó un momento.

Yo no entraría, no sabemos los fantasmas que pueda haber en esa cueva.

Dragón, por favor.

El animal éste tiene razón. **¿Gracias?** Adentro de la cueva hay fantasmas que pueden asustarte, hay también cosas maravillosas, pero lo que más hay son precisamente las cosas que algún día decidiste olvidar.

¿Yo lo decidí?

Así es, uno decide olvidar y no volver a recordar aquellas cosas que alguna vez nos causaron dolor, miedo, angustia…

Pero si las entiendo, entonces podré también entender por qué he hecho todo lo que he hecho en mi vida.

Como encerrarte en el castillo.

Por ejemplo.

Estás entendiendo muy bien de qué se trata la Cueva del Pasado.

Quiero entrar.

Muy bien **–dijo Pía.** Una última recomendación; no importa qué tan feo se ponga allá adentro, no importa qué tan terrible sea lo que vayas a descubrir, no importa qué tan asustada o indefensa te sientas, recuerda siempre que todo está sólo en tu cabeza, que todo lo que recuerdes ya no puede hacerte más daño del que te ha hecho y que sólo recordándolo, lo podrás vencer. Puedes salir de la cueva cuando tú quieras, pero no salgas porque sientas la necesidad de huir, sal de ahí cuando verdaderamente hayas entendido.

A mí me da mucho miedo entrar.

Tú no vas a entrar, Dragón.

¿No?

¿El Dragón se queda aquí? Pensé que me podría acompañar.

No –dijo Pía, el miedo nunca es bueno para entrar al pasado. Además por terrible que parezca no hay nada a que temer, es el único lugar donde tienes que ir sola. Porque el camino de la cueva va hasta el fondo de ti misma.

Yo sí puedo entrar. ¿Verdad?

Tampoco. ¿Sí sabes lo que quiere decir sola?

¿Pero cómo se va a enterar el lector de lo que va a pasar?

El lector tendrá que aguantarse, este camino es personal. ¿Aún así quieres entrar Odái?

Tengo que hacerlo.

Muy bien. Es hora de recordar.

Y diciendo estas palabras, Pía comenzó a entonar una canción con una voz… inesperada, digna de los mismísimos ángeles. La Princesa entró como en trance, en realidad todos entramos en trance, la voz de Pía era maravillosa y la canción que cantaba era una mezcla de melancolía y nostalgia. Era como una canción de cuna, pero al mismo tiempo un himno de esperanza. Era una canción que sólo podría entonar el Hada del Recuerdo.

Las ramas comenzaron a moverse descubriendo la entrada a la cueva, la Princesa no dudó un solo momento y entró en ella. Las ramas volvieron a tapar la entrada y la cueva desapareció.

Mi trabajo aquí ha terminado –dijo Pía. Si la Princesa recuerda será mucho más feliz.

Disculpa, Pía ¿Cuánto tiempo tardará la Princesa?

Tardará el tiempo necesario.

Esto es. ¿Y como cuánto tiempo será el tiempo necesario aproximadamente?

No lo sé. Estas cosas no se deben apresurar. Y si en verdad te preocupa la Princesa le darás el tiempo que necesite. ¿Está bien?

Está bien.

Me voy.

¿Nos podemos quedar con la vasija? ¿Qué tal que se tarda más de lo que me imagino? No queremos que la Princesa nos encuentre muertos de inanición cuando salga.

Sí claro, aquí les dejo la vasija, nos vemos.

El hada desapareció y sólo nos quedamos el Dragón negro del Miedo y yo en medio del bosque. Comenzó a oscurecer.

¿Por qué no me cuentas un cuento, escritor?

Bien. Era una noche muy fría, tal vez la más fría de todas las noches, Odái se encontraba sentada en la ventana de la torre más alta del castillo...

¡Un cuento que no sea éste!

Mmmmm... bien. Hace muchos pero muchos años, en medio de un bosque como éste, vivían presos de un ogro enojón, dos pequeños hermanos: Nata y Len. Su madre era una asustada Angelita...

…Nata, Len y su madre vivieron por fin en paz. Y colorín colorado este cuento se ha acabado.

La Princesa no sale de la cueva.

No.

Cuéntame otro cuento.

A ver, déjame ver, Dragón…

Bien. Esta es la historia de una hermosa doncella, su madre, La Culpa, la dominaba siempre y la doncella no podía enfrentarse a ella, quería liberarse de ese peso…

…y enfrentándose a su madre, la doncella pudo al fin liberarse de ese poder que la ataba, entendió que ya no era más aquella niña asustada y fue muy feliz. Y colorín colorado este cuento se ha acabado.

Qué bonito –dijo el Dragón, después suspiró: ¡Aaaah! –y cambió de tema drásticamente. Tengo hambre.

¿Qué te parece si tú cenas un poco de sopa, yo me voy a cenar también y nos vemos mañana en el siguiente capítulo?

¿Y si mejor vas por tu cena y yo aquí te espero? No me gustaría quedarme solito.

Está bien Dragón, voy por mi cena y regreso.

Gracias.

Eso allá arriba de esta página… ¿es un 10?

Ya se me acabaron las torres de un solo número.

¿No tenías una torre que sólo dijera 10?

Si la tuviera la pondría, dragón. Sólo tenía hasta el nueve, este cuento me ha durado muchísimo más de lo que yo creía.

Sí, te entiendo, la Princesa ya se tardó muchísimo. ¿No le habrá pasado algo?

No creo. Pía dijo claramente que no había ningún peligro.

¿Y cómo sabemos que podemos confiar en Pía? Yo creo que deberías entrar tú a buscarla.

No, yo sé lo que es hurgar en el pasado y en verdad es un camino personal.

Está bien. Cuéntame otro cuento entonces.

Bien… déjame pensar… otro cuento…

Érase que se era un príncipe que no quería sentir, se había encerrado en un pequeño cuarto…

¿Como la Princesa en la torre?

Así es.

Qué original. ¿También tenía su Dragón del Miedo?

Todos tenemos un Dragón del Miedo, pero este príncipe vivía en el castillo del control y la seguridad, tenía miedo de conocer gente, porque hace muchos años lo habían lastimado y no quería que eso le volviera a pasar...

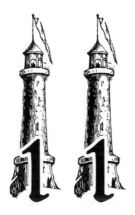

¿Ése es un 11, verdad?

¿Me vas a estar preguntando lo mismo cada capítulo que pase?

Sólo quería estar seguro.

…

…

…

Pues sí.

Pues sí.

…

…

…

¿Cuánto tiempo ha pasado?

Mucho Dragón, mucho tiempo.

…

…

…

Pues sí.

Pues sí.

...

...

...

Ya me harté de comer sopa.

Y yo ya me cansé de esperar.

Hola, ¿cómo están? —se oyó la voz de Pía a lo lejos y haciendo una entrada triunfal voló posándose sobre una piedra.

Desesperados. Y ensopados.

Han tenido que esperar mucho tiempo, ¿cierto?

Digamos que lo suficiente. Y un poquito más.

Pues ya no tendrán que esperar, ya viene la Princesa —y diciendo esto, Pía comenzó a cantar de nuevo. Su voz se alzaba cristalina y parecía que al oírla, los árboles, las flores, el viento y todo lo que nos rodeaba comenzaba a moverse a ese ritmo.

Las ramas se movieron y la cueva volvió a destaparse. Al fondo se alcanzaban a distinguir dos siluetas que caminaban hacia la entrada de la cueva. El Dragón y el Escritor estaban ansiosos.

Poco a poco las siluetas se hacían más claras gracias a la luz que comenzaba a iluminar sus cuerpos, eran la Princesa Odái y una pequeña niña a la que sujetaba de la mano. Las dos salieron por fin de la cueva.

Y esta niña, ¿quién es? —preguntó del Dragón adelantándosele al Escritor.

Dragón, Escritor, Pía —dijo la Princesa muy contenta y emocionada. Les quiero presentar a alguien muy querido, alguien de quien me había olvidado por completo y a quien, gracias a la cueva, he vuelto a encontrar... —la voz se le quebró. Estaba verdaderamente sobrecogida. Paró un momento y reunió fuerzas para controlar el llanto y poder seguir hablando.

Esta hermosa niña soy yo.

¿Tú?

Ella es la niña que fui –la pequeña Odái se le abrazó de una pierna. Me la encontré perdida en la cueva, jugando como yo antes lo hacía, su corazón lleno de sueños... de ilusiones y deseosa de vivir... pero presa del pasado... –la voz se le volvió a quebrar y las lágrimas brotaron incontrolables.

Ya no llores Odáicita –le dijo la niña con la voz más dulce que jamás había escuchado yo antes, se abrazaba fuertemente a la pierna y recargaba su rosada mejilla en el muslo de la Princesa. Ya me encontraste y eso me hace muy feliz, estar por fin otra vez contigo borra todo lo que pudiera haber sufrido, además ya me hiciste una promesa.

Sí –dijo Odái sin poder controlar el llanto. Se agachó, y quedando a la altura de la niña le dijo mirándola directamente a los ojos: Perdóname si te he dejado sola, perdóname si me olvidé de ti, perdóname si he dejado que te hicieran daño y te asustaran. Nunca quise encerrarte en esa torre, nunca quise coartar tu libertad, no quise jamás abandonarte en la Cueva del Pasado, pero ya no estarás sola, mi niña, por que yo estaré contigo. Tenemos muchos sueños pendientes Odái querida, y esta vez... te juro, de verdad te juro, que yo los voy a realizar por ti.

La niña sólo la miró, los ojos se le humedecieron, una gran sonrisa se dibujó en su pequeño rostro inocente. Abrazó a la Princesa con mucha fuerza.

¡Gracias Odái, te amo!

No sé cuanto tiempo duró el abrazo, las dos lloraban alegres y emocionadas, nadie se atrevió a interrumpir ese momento tan extraordinario.

Pía comenzó a cantar otra vez, ya no hay palabras para describir esa voz. Y mientras cantaba, la niña Odái comenzó a convertirse en un ser de luz y, como si esto fuera lo más natural, entró en el cuerpo de la princesa que no podía dejar de llorar pero que al mismo tiempo, sonreía como si la embriagara una de las más prodigiosas emociones. La niña se convirtió en luz y sólo se alcanzó a escuchar su voz por última vez.

Nunca te olvides de mí, viviré siempre aquí, en tu corazón –y diciendo esto desapareció en el pecho de la Princesa.

Pía seguía cantando. Había oscurecido ya; la noche estaba repleta de estrellas, la luna llena, enorme y redonda brillaba más blanca que nunca, alumbrando el pequeño claro del bosque donde la Princesa Odái lloraba a carcajadas.

Y colorín colorado este cuento... aún no se ha acabado.

La Princesa estaba agachada, el pelo le cubría la cara. Había dejado ya de llorar.

Pía paró de cantar y desapareció. La Princesa alzó la cabeza. Su rostro había cambiado por completo, en su mirada se veían una felicidad y una paz que jamás habían brillado ahí antes.

Tengo muchas cosas que hacer, he descubierto por fin por qué me encerré en la torre.

¿De verdad?

¿Y por qué fue?

De nuevo, no me pregunten de dónde salió, pero Bonsái se encontraba otra vez ahí, parado en su banquito. Carraspeó la garganta, extendió otro pergamino y leyó.

Todos presentes en la vida –leyó, a tantos del tantos del tantos. Carraspeó de nuevo la garganta y continuó leyendo. Si el celador Bonsái se encuentra parado con su ropa ceremonial de color dorado, afuera de la Cueva del Pasado, después de haber escuchado la voz extraordinaria del hada Pía; si está subido en su banquito de madera con aterciopelado rojo y además está leyendo este pergamino, será muy importante comprobar si la Princesa Odái ha salido ya de la Cueva del Pasado.

Bonsái bajó el pergamino y volteó a ver a la Princesa... después de un momento continuó leyendo. Si Bonsái sigue leyendo este pergamino, es porque la Princesa, en efecto, ha salido ya de la Cueva del Pasado. Si la cara de la Princesa ha cambiado por completo y en su mirada se ven una felicidad y una paz que jamás habían brillado ahí antes, se puede concluir de manera inequívoca que la Princesa ha descubierto a la niña que fue, la ha salvado del pasado y ahora son una misma. ¡Bravo!

Se oyeron de nuevo unas fanfarrias. Odái y el Dragón lloraban y aplaudían emocionados.

Yo, el celador Bonsái –continuó leyendo Bonsái, certifico dicho acontecimiento. Y con todo el poder que me confiere la ley de la vida, escrita en el gran libro de la vida, en su artículo cuarenta mil veinticuatro –tomó aire. Decreto y ordeno que la Princesa nunca olvide esa voz que desde ahora vivirá en su corazón. Y le recomiendo que siga caminando hasta llegar con el hombre más rico del mundo.

La ley ha hablado.

Bonsái la miró un momento, le sonrió, bajó del banco, lo cargó y volvió a desaparecer.

Bien, pues sigamos el camino entonces. ¿Tienes hambre, Dragón?

No, estoy ensopado y no comeré hasta que haya digerido todo lo que he comido.

¿Tú no tienes hambre, Princesa?

No, nada de hambre. Estoy emocionada, estoy feliz, nunca me había sentido tan plena como ahora.

¡Que bueno!, se te nota.

Gracias por no haber terminado el cuento, Escritor.

¿Y no descubrir a dónde vas? Jamás.

Bien, ahora tenemos que buscar al hombre más rico del mundo.

¿Y te casarás con él? Suena a un muy buen partido.

No sé que va a pasar, ¿y sabes qué? No saber y comenzar a descubrir puede ser maravilloso.

Comenzaron a caminar adentrándose en el bosque y dejando atrás el pequeño claro donde estaba la Cueva del Pasado y donde Pía seguramente entonará otra vez, para algún otro valiente, una canción maravillosa que rescate a otro niño del pasado.

Pasó mucho tiempo, caminaron largo rato a la luz de la luna, era ya muy tarde, pero la Princesa no estaba cansada y por alguna razón, el Dragón no se había quejado de nada.

No sé que me pasa, pero hoy no siento tanto miedo.

Caminaron un rato más y se sentaron a descansar debajo de un árbol. El Dragón se quedó profundamente dormido. La Princesa había estado en silencio desde que habían comenzado a caminar. El escritor se preguntaba: ¿qué estaría pensando la Princesa?

...

...

...

La Princesa estaba absorta en sus pensamientos... ¡¿Qué estaría pensando la Princesa?!

...

...

...

O la Princesa estaba verdaderamente concentrada o ignoraba al Escritor con elegante desfachatez.

...

El Dragón roncaba y dormía a pierna suelta. Y yo digo: ¡¿QUÉ ESTARÍA PENSANDO LA PRINCESA?!

¿Perdón? ¿Estabas hablando, Escritor?

Estaba gritando, Princesa.

Discúlpame, no te oí.

Me di cuenta, ¿en qué estás pensando?

¡Uy! Tantas cosas... Pienso en el tiempo que he perdido asustada, en las veces que no he confiado en mí y en las miles de veces que no confié en la vida. ¿Sabes por qué me encerré en el castillo?

¿Por qué?

Porque tenía miedo a vivir... Te voy a contar la parte de mi historia que no conoces, Escritor. Nunca había pensado que mi infancia fuera terrible, siempre creí que todo lo tenía claro, aún los pocos problemas que había considerado importantes los tenía bajo control... o al menos eso pensaba. Pero cuando me encontré a mí misma en la Cueva del Pasado, mi niña comenzó a decirme las cosas que ella había pensado, me contó todas las cosas por las que había pasado, pero tal y como ella las había sentido en su momento. Fue sorprendente darme cuenta de todo lo que había decidido olvidar. Y al recordarlo siento que sé un poco más quién soy y entiendo por qué he hecho todo lo que he hecho hasta ahora.

¿Y eso cómo te hace sentir?

No lo sé, todavía no llego a esa conclusión.

¿No tienes sueño?

No puedo dormir, miles de pensamientos pasan por mi cabeza, estoy feliz, triste, ansiosa, miles de emociones transitan mi corazón.

Intenta dormir un poco, Princesa.

¿Cómo?

El Escritor recordó una poesía que había escrito antes, pero como no pretende usar este cuento para publicar poesía, sólo le dirá unas cuantas estrofas a la princesa porque cree que en verdad las necesita.

Pon mucha atención, Odái.

Ahora que todo nos parece extraño
y que no encontramos una solución
justo es el momento de no entender nada
y dejar al tiempo lento sanador.

Enfrenta las cosas después de sufridas
porque el sufrimiento también es placer,
sufre suficiente, sufre demasiado,
pero sólo sufre lo que esté acordado
porque cada causa tiene su dolor.

Ya que el sufrimiento también es maestro
y el diploma es fuerza, coraje y valor.

Y ya por la noche
obscuro derroche de preguntas mil
no intentes poner tú las soluciones
a tantas cuestiones que no tienen fin.

Cierra bien los ojos y en sacro silencio, alza una oración
no importa cuál sea, no importa tu raza ni tu religión.

Y en ese silencio de tus pensamientos
que ya al fin dejaron de revolotear
saldrá inminente la clara respuesta
de todas tus dudas que claro sentiste
que te iban a ahogar.

Y aquella respuesta, por más que te pese,
se llama: esperar.

Ahora lo sabes, sabes la respuesta,
ya duérmete en paz.

La Princesa suspiró. Gracias, Escritor –tomó su manta de lana y se cubrió con ella, abrazó a su Dragón y se quedó profundamente dormida.

A la mañana siguiente los pájaros cantaban alegres en las ramas de los árboles, el Dragón estaba dormido y la Princesa... ¿?... ¿Ya estaba levantada y preparando desayuno?

Buenos días Escritor.

¿Y eso? ¿Qué haces despierta? Son las nueve de la madrugada.

Es un día muy especial. Hoy voy a conocer al hombre más rico del mundo. Me levanté desde temprano y me fui a bañar al río.

¿Cómo conseguiste comida? ¿Cómo hiciste la fogata?

Confiando en la vida puedes hacer milagros, Escritor.

El olor del guisado, que la Princesa cocinaba en una fogata perfectamente hecha, despertó al Dragón.

Buenos días, he dormido como un bebé. ¿A qué huele?

Preparé un poco de desayuno, ¿gustas?

Sí, ya digerí y tengo hambre.

Los dos comieron y más tarde que temprano estaban otra vez recorriendo el camino.

Caminaron sólo una hora y de pronto, entre los árboles, pudieron ver una pequeña chimenea humeante. Cuando llegaron a la casa a la que pertenecía la chimenea, se encontraron con una pequeña choza humilde, hecha de paja y madera; en el pórtico había un hombre sentado en una mecedora leyendo un libro. La Princesa se acercó a él.

Buenos días.

Buenos días –dijo el hombre echando una mirada por encima del libro. Era un hombre apiñonado claro, más bien era como rosado, las barbas y el pelo completamente blancos, aunque no se veía un hombre viejo. Llevaba unas gafas muy chistosas y un overol azul con playera blanca, era un hombre delgado, estaba descalzo.

¿Quiénes son ustedes?

Soy la Princesa Odái, este es mi Dragón y el hombre que acaba de describirlo a usted es el Escritor.

Mucho gusto –dijo el hombre. ¿Les puedo ayudar en algo?

Sí, estoy buscando al hombre más rico del mundo. ¿Usted sabe dónde lo puedo encontrar?

¿Y para qué lo estás buscando? –preguntó el hombre.

Este… no lo sé en realidad.

Si lo estás buscando para pedirle dinero –dijo el hombre frunciendo el ceño, olvídalo, no te lo dará.

No, no lo estoy buscando para eso.

Aunque no nos caería mal.

¡No le van a sacar un sólo centavo! –concluyó el hombre regresando a su lectura.

No, no le quiero pedir dinero.

Entonces, ¿para qué lo buscas? –inquirió el hombre.

En realidad me recomendaron que lo buscara.

¿Quién te lo recomendó? –preguntó el hombre sospechoso.

Pues Bonsái me dijo que...

¿Bonsái? –interrumpió. ¿Bonsái te mando con el Hombre Más Rico del Mundo?

Así es, él me recomendó que...

¡¡¡Shhhh!!! –la calló el hombre, pensó un poco y después murmuró como para sí. Entonces ya debes de estar lista.

¿Lista? ¿Para qué?

Para recibir tu riqueza –le dijo el hombre de forma natural.

¿Riqueza? ¿Somos ricos?

¿De qué riqueza me está hablando, señor...? ¿Cuál es su nombre?

Tiempo –le dijo el hombre levantándose de su silla y dejando a un lado el libro. Los que me conocen me llaman Tiempo.

¿Usted es el tiempo?

No soy todo el tiempo, soy parte del tiempo. Soy sólo el Tiempo por un período de tiempo –le contestó el hombre... haciéndonos bolas a todos.

¿Cómo les explico? –dijo mientras desaparecía por la puerta de su casa. Hay muchos tipos de tiempo –gritó desde adentro, está el tiempo que corre, el tiempo pasado, el tiempo futuro, el tiempo presente, está también el tiempo que se tarda años en pasar, y está el tiempo perdido...

¿Y usted quién es? ¿O qué tiempo es?

Soy una parte del tiempo –dijo el hombre mientras arrastraba un baúl al pórtico, pero olvídate de eso, lo que a ti te debe importar es el Hombre Más Rico del Mundo.

¿Usted sabe dónde puedo encontrarlo?

Claro –dijo el tiempo sumergiendo la cabeza adentro del baúl.

¿Está cerca de aquí?

Así es. El señor Tiempo seguía buscando entretenido algo en su baúl. ¿Dónde está?... ¿Dónde lo dejé?

¿Me puede decir cómo llegar a él?

Sí, claro que puedo –sacó la cabeza del baúl. ¿Ya me dijiste tu nombre?

Ya.

Pues repítemelo porque ya se me olvidó y por eso no encuentro lo que estoy buscando. ¿Cómo te llamas?

Odái, soy la Princesa Odái.

Odái, muy bien –y se sumergió de nuevo en el baúl. Odái... Odái... Odái...

¿Tiene usted algo para mí?

Así es. Eso es lo que estoy buscando. ¿Qué pensabas? ¿Que sumergirme en baúles es mi deporte?

No, claro.

¿Mi pasatiempo?

No.

¿La forma de ganarme la vida?

Tampoco.

¿Un modo que ha encontrado el Tiempo de perder el tiempo?

No.

¿Entonces?

Sólo me preguntaba qué sería lo que usted tiene para mí.

Tu riqueza.

¿Usted tiene mi riqueza?

Así es.

Entonces usted es...

El Hombre Más Rico del Mundo... ¡Bingo!

Pero... es decir, ¿cómo?... Vamos, no entiendo...

¿Qué? –la interrumpió el Hombre... Tiempo... Más Rico del Mundo, sacando la cabeza del baúl. ¿Te extraña que el Hombre Más Rico del Mundo viva en esta casucha? ¿Te extraña que no tenga dinero, que viva en la miseria y que vista estos trapos? –y volvió a meter la cabeza en el baúl.

No, no, yo no he pensado que ésta sea su casa.

Pues lo es.

Tampoco he dicho que fuera una casucha.

Pues también lo es.

Y no creo que viva usted en la miseria.

Pues así vivo.

Montones de papeles salían del baúl volando por el aire.

Y tampoco he dicho que vista unos trapos.

Son unos trapos, no podemos negarlo –sacó la cabeza del baúl. Lo encontré.

Está bien, sí, en efecto, es una casucha, sí vive en la miseria y sí viste unos trapos. ¿Cómo es que usted es el Hombre Más Rico del Mundo?

Hija mía –dijo el hombre muy tierno, en la vida, sólo se es verdaderamente rico... en experiencia.

Odái se quedó callada, el hombre se levantó y se acercó a la princesa, llevaba un sobre en la mano.

Aquí esta tu riqueza –le dijo mientras le daba el sobre. Habrá quienes te tratarán de engañar diciéndote que tener cosas es ser rico, que las joyas, el dinero o las propiedades son las que te hacen rico, pero no es así, la verdadera riqueza está en tu experiencia, porque eso nadie te lo puede quitar, yo preferiría perderlo todo, todo lo que pudiera tener, antes de perder lo que he aprendido: mi experiencia. Abre tu riqueza.

La Princesa tomó el sobre y lo abrió, sacó una hoja de papel en la que pudo leer:

- No puedes tener el control sobre todas las cosas.

  – Abejorro

- Nada es del todo seguro. La vida se debe vivir desafiando constantemente a lo desconocido, porque la vida no es estática, va cambiando constantemente.

  – Abejorro

- Imagina lo que podría ser tu vida si te atrevieras a cambiar.

  – Abejorro

- A veces lo que te protege de lo desconocido, también te encierra y te priva de tu libertad.

  – Abejorro

- La curiosidad y el deseo, a veces vencen más fácilmente al miedo que el valor.

  – Abejorro

- No dejes de imaginar nunca todo lo que puedes llegar a ser.

  – Abejorro

- Lo peor que me puede pasar en esta vida, no es lo peor que me puede pasar en esta vida, lo peor que me puede pasar en esta vida ¡es... nada! Y no me voy a sentar aquí para que no me pase nada.

  – Princesa Odái

- La ley de la vida, si aprendieran a escucharla y a seguirla, las cosas serían siempre mucho más fáciles.

  – Bonsái

- Al miedo hay que oírlo cuando sea necesario y callarlo cuando te paralice.

  – Bonsái

- No eres nada ante la inmensidad del universo.

  – El Cañón del Viento

- De lo único que puedes estar segura es de que en unos años ya no estarás aquí, disfruta lo que tienes.

  – El Cañón del Viento

- Hay ocasiones en las que sólo necesitas ver un poco más allá para darte cuenta de que hay todo un mundo de maravillas, de opciones y de variedades, un mundo lleno de posibilidades.

  – El Cañón del Viento

- Nunca estaré segura de nada si no me atrevo a darme la oportunidad de hacer las cosas, de sentir y de vencer el vértigo.

  – Princesa Odái

- Si estás viva es porque la vida cree en ti.

  – El Cañón del Viento

- A veces las cosas más evidentes sólo se pueden ver desde la tranquilidad; cuando aquietas tu mente y te relajas.

  – El Cañón del Viento

- El miedo no puede oír la voz de la vida y si no tienes cuidado, a veces tampoco te dejará a ti oírla. En muchas ocasiones la voz del miedo grita más fuerte que la voz de la vida.

  – El Cañón del Viento

- La vida es una gran aventura y siempre vale la pena vivirla.

  – El Cañón del Viento

- No siempre somos lo que somos, en ocasiones somos lo que alguna vez fuimos.

  – Pía

- Los negros dragones del miedo vociferan más de lo que deberían.

  – Pía

- Muchas de las respuestas a nuestras dudas actuales se encuentran en el pasado. Siempre es bueno saber de dónde vienes para entender a dónde vas.

  – Pía

- Nunca olvides la voz que desde ahora vivirá en tu corazón, la voz de tu niño interior.

  – Bonsái

Y mientras leía, una frase más se escribía en el papel.

- En la vida, sólo se es verdaderamente rico... en experiencia.

  – El Hombre Más Rico del Mundo,
  la parte más importante del tiempo

Odái levantó la vista y le sonrió.

Cuando olvides todo lo que has aprendido, y sólo entonces –dijo el hombre, estarás en la miseria.

Entonces usted sí es el Hombre Más Rico del Mundo.

Y soy muy feliz. –sonrió. Nadie te puede quitar esa riqueza. Y al final de tu vida es el único tesoro que valdrá la pena compartir.

Muchas gracias.

Bien, no pierdas más el tiempo y sigue el camino de tu destino.

Odái guardó el sobre con mucho cuidado, sentía que tenía todo lo que podía necesitar.

Se despidieron del hombre y volvieron a caminar adentrándose una vez más en el bosque.

Odái y el Dragón caminaron otro buen tramo de bosque hasta que se encontraron con unos arcos que se levantaban enormes.

¿Qué serán estos arcos?

No lo sé, Princesa.

Ahí está –dijo el Dragón cauteloso. Lo estoy sintiendo otra vez.

¿Miedo?

Sí, pero sólo un poco.

Está bien, Dragón, ese miedo nos mantendrá alertas.

¿Vamos a cruzar los arcos?

Tenemos que seguir adelante.

¿Y si es propiedad privada?

Pues tenemos que investigar.

¿Y si tienen un perro guardián?

Correremos entonces cuando lo veamos.

¿Y si me tropiezo y me muerde?

¡Ya, Dragón! Tenemos que seguir y enfrentarnos a lo que sea. ¿O prefieres regresarte?

No. Sí tengo miedo, pero no quiero regresar.

Perfecto, ese miedo que sientes es el que necesitamos para no ser tan confiados y tomar las debidas precauciones. Vamos.

Y pasaron debajo de los arcos. El Dragón caminaba temeroso igual que la Princesa Odái.

En ciertos momentos el Dragón se detenía de pronto y volteaba a los alrededores, la Princesa esperaba a que el Dragón se cerciorara de que todo estaba bien y caminaban un poco más. Odái había aprendido a utilizar al miedo.

Al poco rato se encontraban en medio de un sembradío de fresas.

¡Cuántas fresas!

¡Se ven deliciosas!

Ya me dio hambre.

No creo que pase nada si comemos unas cuantas fresas, ¿cierto?

Y los dos se sentaron a comer. Por la cara que tenían y la manera en la que se las saboreaban, puedo decir que las fresas estaban de verdad muy ricas... o tenían mucha hambre.

¿Sabes una cosa, Escritor? –dijo la Princesita con la boca llena de fresas. Aunque a veces no lo tengo muy claro y aunque a veces me da un poco de miedo, salir de esa torre ha sido lo mejor que me ha pasado en la vida. ¿Cómo me pude haber perdido de todo esto?

¿De la vida?

Sí, los árboles, el bosque, el cañón, la libertad. Si lo pienso un poco, en realidad no tengo nada, no sé a dónde voy, no sé todavía lo que va a pasar con mi vida, pero me siento inmensamente feliz y satisfecha.

Estás aprendiendo a disfrutar lo que tienes.

Sí, de verdad que sí.

Y eso que casi no tenemos nada.

Va a sonar a texto barato de un panfleto de superación personal, pero... tengo la luna, el sol y las estrellas, tengo las nubes, tengo el aire que respiro, tengo un mundo entero en mis manos, tengo mis ojos y mis piernas, mi boca, mis oídos, mis manos, estoy viva y tengo todas las posibilidades.

Tienes toda la razón Princesa, suena a texto barato de un panfleto de superación personal... pero no deja por eso, de ser una verdad.

Recuerdo cuando era niña e iba a la escuela... ¡Me enseñaron tantas cosas! Algunas importantes, otras no tanto, pero la mayoría de las cosas que me aprendí concienzudamente... ya se me olvidaron por completo. Nunca, nunca me enseñaron que tenía una vida en mis manos, nunca me dijeron que de mí dependía todo lo que yo quisiera ser o hacer, que tenía un proyecto más importante que todo lo que pudiera aprender: mi vida. Y hasta ahora lo estoy aprendiendo.

Más vale tarde que nunca.

Princesa, ¿me pasarías unas fresas de allá atrás? Estas ya me las acabé.

La Princesa volteó para agarrar otras fresas y al abrir un poco las ramas apareció la cara de un perro, que tras gruñir enojado, comenzó a ladrarles tan fuerte que hasta el Escritor sintió miedo.

¡Ay! Tenía que haber un perro –dijo el Dragón paralizado.

Tranquilo, tranquilo, no pasa nada –trató de tranquilizar al Dragón.

No le estoy hablando al Dragón, le estoy hablando al perro; tranquilo, tranquilo –trató de tranquilizar al perro, no pasa nada.

Pero el perro ladró más fuerte y más rápido.

¿Quién anda ahí, Bravo? –se oyó la voz de un hombre. ¿A quién le ladras?

¡Acabáramos! El perro se llama Bravo –dijo el Dragón sin mover ni un dedo.

La voz se acercaba, la Princesa se agachó tratando de esconderse.

Hazte bolita Dragón, tal vez no nos vea.

El Dragón trató de hacerse lo más chiquito que podía. El perro no se les acercaba mucho pero seguía ladrando fuertemente.

¿Bravo? ¡Bravo! –gritaba la voz siguiendo los ladridos del perro.

La Princesa estaba asustada, pero el Dragón... el Dragón estaba pe-tri-fi-cado. Se oyeron unas pisadas acercarse a donde estaba la Princesa agachada, el Dragón cerró los ojos y cruzó los dedos de las cuatro patas. La Princesa no quería levantar la vista, miraba fijamente al suelo, como los niños chiquitos que se tapan los ojos creyendo que así nadie los va a ver. ¡Escritor! –dijo cerrando los ojos. Perdón pero es que es absurdo, te van a descubrir.

¡Shhh! Cállense –dijo el Dragón apretando fuertemente los párpados, también, como los niños chiquitos que se tapan los ojos creyendo que así nadie los ve. El perro dejó de ladrar.

¿Quienes son ustedes? ¿Por qué se estaban comiendo mis fresas? –dijo la voz.

La Princesa abrió los ojos y se encontró con dos enormes botas, fue subiendo poco a poco la mirada; un pantalón de montar negro, dos manos con guantes de piel, en una mano un casco y en la otra un fuete, una camisa blanca y... pa cerrar con broche de oro... un apuesto caballero.

Perdón, es que pasábamos por aquí y teníamos hambre, no pensamos que estas fresas fueran de alguien en particular.

Yo se lo advertí claramente, le dije que podía ser propiedad privada –dijo el Dragón sin abrir los ojos.

¡Dragón!

Es verdad, yo te lo dije, Princesa.

¿Princesa? ¿Eres una Princesa? –dijo el hombre.

Es Odái, es la Princesa Odái.

Entonces no debes estar así en el suelo. El caballero le extendió la mano, la Princesa la tomó y se puso de pie. Mucho gusto, yo soy un príncipe también y estas son mis tierras.

¿Príncipe? –el Dragón abrió un ojo para espiar.

Si tienen hambre los llevaré hasta mi castillo, voy por mi caballo, no te muevas, Princesa. Y diciendo esto desapareció... y el perro tras él.

¡Ahora es cuando, Princesa, vamos a escapar!

La Princesa no se movió, se había quedado sin palabras.

¿No vamos a escapar?

El Escritor, que no había querido decir nada enfrente del príncipe porque es un escritor muy discreto, sabía perfectamente por qué se había quedado sin habla la Princesa.

Había notado ese brillo en los ojos de Odái cuando vio por primera vez al Príncipe.

¿De qué estás hablando, Escritor? —dijo la Princesa regresando de su nube.

¿De cuál nube?

Princesa, a mí no me engañas, yo te escribí, y aunque no me has hecho mucho caso en el transcurso del cuento, puedo ver claramente lo que te pasó por la cabeza en cuanto viste al Príncipe.

¿Y qué me pasó por la cabeza, según tú?

Primero sus rubios cabellos, su quijada cuadrada, sus ojos azules color cielo, su rostro con un perfecto bronceado, su cuerpo bien formado... y ese olor.

¿Cuál olor?

El que respiraste mientras te sujetabas de su mano para levantarte. No te hagas.

Olía bien, ¿verdad?

Es un hombre muy atractivo, Princesa.

¿Y eso qué? No estoy buscando hombres en este momento.

Se oyó venir un caballo.

¿Me veo bien? —me preguntó la Princesa que no estaba buscando hombres, mientras se arreglaba el pelo y el vestido.

Chistoso.

El príncipe entró montado en su caballo, un bellísimo corcel completamente blanco. Se detuvo delante de la Princesa, sus ojos brillaban y sus cabellos dorados se levantaban con el viento.

Sube, Princesa, te llevaré a mi castillo —y le volvió a extender la mano. La Princesa sólo lo veía sin decir una palabra. ¿Princesa?... ¿Princesa?

El Dragón tosió.

¿Yo?

El Dragón entendió la indirecta del Escritor ¡Y TOSIÓ!

¡Achú! –¿?... ¿¿Estornudó el Dragón??

Toser es un cliché.

Perdón, estaba pensando... No sé qué estaba pensando –dijo la Princesa cuatrapeándose. Es que... no me has dicho tu nombre.

Perdona, Princesa –dijo el príncipe sonriendo, con blancos dientes bien parejitos. Me llamo Azul, soy el Príncipe Azul.

La Princesa respiró profundamente, después se dio cuenta que estaba a punto de suspirar descaradamente...

¡Achú! –y estornudó también, igual que el Dragón, tal para cual.

Salud –le dijo el Príncipe mientras sacaba un blanco pañuelo que le ofreció a la Princesa.

¿Te fijaste Escritor, que a mí no me dio pañuelo? –me susurró el Dragón.

Gracias. La Princesa tomó el pañuelo y se lo llevó a la nariz.

Bravo ¿dónde estás? El Príncipe buscó a su perro quitándole la vista de encima a la Princesa.

La Princesa olió el pañuelo y después... ¿?... ¿¿Se lo guardó?? ¡¡Shhh!!. Y se lo guardó.

¿Nos vamos? –preguntó el Príncipe.

Sí, gracias –y la Princesa subió al corcel blanco con el Príncipe Azul.

Y colorín colorado...

¡NI-LO-PIENSES! —me susurró la Princesa, apretando los dientes mientras fingía una sonrisa y en un tono de advertencia que jamás le había escuchado yo antes.

El Príncipe golpeó al caballo y éste salió corriendo rápidamente en dirección al castillo.

Ejem... ejem, ¿y yo estoy pintado?

Creo que tendremos que caminar.

¿Tú sabes dónde está el castillo?

Ya lo encontraremos, Dragón.

¿Y si nos perdemos?

Ahórrate tus miedos Dragón, a mí no me asustas, yo tengo mi propio Dragón del Miedo para aterrarme. Caminemos al castillo.

El Dragón y el Escritor llegaron por fin al castillo cuando ya casi estaba obscureciendo, se habían perdido por muchas horas, habían estado dando vueltas en círculo por culpa del Dragón y sus miedos de niña y estaban bastante cansados.

Pero no estás enojado conmigo, ¿verdad?

La entrada al castillo era enorme y estaba bien cerrada, el Escritor y el Dragón se encontraban afuera desde hace ya una hora, no habían tocado porque el Dragón temblaba y gritaba cada vez que el Escritor le suplicaba que tocara la maldita puerta, el Dragón no hacía nada de lo que el Escritor le pedía.

Pero no estás enojado conmigo, ¿verdad?

El Escritor, ignorando al Dragón, se dispuso a narrar, para que el lector se dé una idea del lugar donde estaban parados… ¡Desde hace una hora por culpa del Dragón!

¡Híjoles! Creo que sí está enojado conmigo.

Era un jardín muy bonito, grandes árboles perfectamente podados adornaban los largos caminos que se entrecruzaban alegres bordeados de flores de muchos colores. El jardín estaba lleno de bancas para sentarse a descansar y en medio de todo esto, una fuente enorme de piedra tallada que dejaba escuchar el tranquilizador sonido del agua brotando. De verdad era un jardín precioso.

¿Por qué no vamos a la fuente para escuchar el tranquilizador sonido del agua brotando?

A lo lejos se escucharon unas risas.

Eran las risas coquetas de la Princesa, que seguramente se la había estado pasando fenomenal mientras nosotros estábamos perdidos.

En efecto, a lo lejos venían caminando la Princesa y el Príncipe, se detuvieron un momento y después el Príncipe se fue. La Princesa caminó hacia nosotros. Sonreía contenta.

He tenido una tarde encantadora, el Príncipe es muy divertido y hemos platicado muchas horas.

Sí, como siete para ser exactos.

Perdónenme, pero es que el tiempo se me fue volando y no pensaba en nada. Hace rato que los vi llegar a la puerta del castillo, pero no quise venir a interrumpirlos porque los vi platicando muy entretenidos.

No estábamos platicando, estábamos discutiendo.

¿Y qué discutían?

Pues yo le pedía al Dragón que tocara la puerta y él se negaba... Básicamente eso.

El Príncipe me ha pedido que pasemos aquí la noche, ha preparado habitaciones para todos y mañana nos ofrecerá un elegante desayuno repleto de ricos manjares.

A mí me suena muy bien.

Está bien, es tu cuento Princesa, ¿no? Porque mi cuento ya dejó de ser desde hace 94 páginas.

Está un poco molesto. No me preguntes por qué.

Pasaremos aquí la noche. ¿Y ahora qué?

Ahora nada, vamos a dormir.

¿Y ya? Pero si acabo de empezar el capítulo 15.

¡Relájate, Escritor! La vida es maravillosa. ¿Qué importa que aquí termine el capítulo? ¿Qué importa que tengas que comenzar uno nuevo? Si todo fuera tan sencillo como eso... ¡Disfruta! Confía en la vida, no te preocupes por lo que va a pasar. No puedes tener control sobre todas las cosas. ¡Relájate!

¡Pero es que éste es MI cuento!

Estoy segura de que mañana amanecerás de mejor humor –y diciendo esto, con una enorme sonrisa en la cara, entró al castillo.

Qué le vamos a hacer, ¿no? –el Dragón entró tras ella.

Y el Escritor se quedó solo.

He de confesar que la Princesa tiene razón. ¿Qué importa que aquí termine el capítulo? ¿Qué importa que tenga que comenzar uno nuevo? Si todo fuera tan sencillo como eso.

La verdad es que la Princesa está muy feliz y a mí este cuento me está gustando mucho. Y como parece que todavía hay otro tanto que contar, nos veremos en el capítulo 16, querido lector.

Ha pasado el tiempo entre capítulo y capítulo. Para empezar la Princesa Odái y el Dragón no sólo pasaron una noche en el castillo del Príncipe Azul, llevan ya más de dos meses. Pero nadie se queja, el Príncipe se ha portado como todo un caballero. Trataré de resumir un poco la estancia de la Princesa durante este tiempo para que todo esté claro.

Para empezar, el desayuno maravilloso que había prometido el Príncipe se cumplió y en verdad fue maravilloso. Odái y el Príncipe han tenido todos estos días para conocerse y platicar y platicar y platicar. Ella se ve feliz y él está verdaderamente fascinado. El Dragón ha estado muy tranquilo porque aquí, con el Príncipe, no ha tenido nada a qué temer. El Príncipe ha llevado a la Princesa a nadar al río; han montado a caballo, tienen cenas románticas a la luz de la luna y en general se respira un aire de fin de cuento.

En este momento se encuentran platicando junto a la fuente, es una noche clara de luna llena, el Dragón anda divertido corriendo por el jardín y el Escritor ha dejado solos a los Príncipes, porque el Príncipe Azul se lo ha pedido de la manera más atenta. Pero puede ver sus siluetas a lo lejos.

Hace rato que platican, se han abrazado, la Princesa le dio un beso al Príncipe y viene corriendo para acá.

¡No lo puedo creer! ¡No lo puedo creer! —evidentemente, algo no podía creer la Princesa.

¿Qué paso?

¡Me lo ha pedido! ¡Me ha pedido que me case con él!

¿Y qué le dijiste?

¡Que sí!

¿De verdad? ¡Felicidades, Princesa!

Gracias Escritor, de verdad muchas gracias. La boda será en una semana y están todos invitados.

Y la semana pasó rápidamente. Fue una boda grandiosa, desmedida, extraordinaria y fenomenal. La Princesa lució un hermoso vestido blanco bordado y el Príncipe un traje muy elegante. Los dos se veían despampanantes pero sobre todo felices.

Todos estamos reunidos afuera de la iglesia despidiendo a los novios que se van ya de viaje. Han planeado una luna de miel fantástica.

La Princesa se despedía de todos los invitados y el Príncipe guardaba las maletas en el carruaje. El Dragón estaba feliz, porque como ya sabemos, la Princesa no se puede deshacer de él, así que se va de viaje con ellos también, será una luna de miel atípica, pero no por eso dejará de ser increíble.

El Dragón estaba sentado en el techo del carruaje, sonreía como si fuera él quien se hubiera casado, los novios se despidieron y el carruaje echó a andar.

La Princesa Odái había encontrado todo lo que siempre soñó; venció al miedo, se escapó de la torre, aprendió de la vida, encontró el amor y ahora le esperaba un futuro lleno de felicidad.

Y colorín colorado este cuento se ha acabado.

El carruaje se detuvo de repente, la puerta se abrió, la Princesa bajó rápidamente y caminó al escritor.

¿Estás loco?

¿Y ahora qué?

Aquí no se acaba el cuento, apenas está comenzando.

Pero Princesa, te vas de viaje, ya estás casada, tu vida está hecha, ¿qué más quieres?

Quiero saber qué pasa después.

¿Saber qué pasa después? ¡Este cuento va a ser eterno! No puedo narrar paso a paso tu vida.

Está bien, está bien, estoy de acuerdo... Nos vemos en diez años.

¿Qué?

Nos vemos en diez años, para saber qué pasó, ¿te parece?

Princesa...

Por favor, escritor te lo suplico.

¿Mi amor? –sacó la cabeza el Príncipe Azul por la ventana del carruaje. ¿Pasa algo? No queremos perder el tren, ¿verdad?

Sí –le gritó dulce la Princesa. No te preocupes, en un segundo estoy contigo –y después se dirigió al Escritor con ojos suplicantes y cara de inocente. Estamos de acuerdo Escritor, ¿verdad? ¿Verdad que me vas a hacer ese favor? ¿Verdad que vamos a ver si mi vida sigue siendo maravillosa en diez años? ¿Verdad? ¿Verdad que no me vas a dejar sola? ¿Verdad que puedo confiar en ti?

Está bien, está bien, ¡verdad, verdad, verdad! Nos vemos en diez años. Disfruta de tu viaje y muchas felicidades, te lo merecías.

Muchas gracias, Escritor, te quiero –corrió al carruaje, se subió.

Yo también te quiero, Princesa.

El carruaje arrancó con el Dragón encima y desapareció a lo lejos. Se fueron a su luna de miel. Y nosotros nos veremos en diez años.

Habían pasado ya diez años desde la última vez que el Escritor supo de la Princesa y su Dragón. Un día como hoy hace ya diez años, el Escritor le había prometido a la Princesa que volvería.

El Escritor estaba parado de nuevo en aquel jardín, pero ahora, el jardín maravilloso, estaba un poco descuidado.

Un carruaje lleno de niños se paró en la entrada.

¡Apúrense ya, que los va a dejar el carruaje! –se escucharon los gritos de la Princesa provenientes del interior del castillo.

¡Mamá! ¡Me está jalando el pelo otra vez! –se oyó la voz de una niña.

¡Bono! –la voz de la Princesa era maternal. ¡Déjale en paz el pelo a tu hermana Yára y termínate de una vez por todas ese vaso de leche o te vas a ir sin desayunar! Esencialmente maternal.

¡No le estoy haciendo nada mamá! –gritó la voz del niño, que el Escritor supuso que era Bono.

¡Ay! –gritó una niña. ¡Mamá! ¡Me está jalando el pelo otra vez! –que el Escritor supuso que era Yára.

Los tres salieron del castillo, la Princesa con una mano tomaba del brazo a Yára y con la otra mano a Bono, de una oreja. Era una escena conmovedora.

Buenos días, Princesa.

Buenos días, déjelo donde siempre –y se pasó de largo sin voltear a mirarme.

Evidentemente la Princesa no me había reconocido. Súbitamente soltó a los niños, como recordando algo importante.

¿Dónde está Gotz?

Se quedó en el comedor untándose miel en los cachetes – respondió Yára.

¡¿Untándose qué?!

Miel –contestó Yára. Bono le dijo que lo hiciera. La Princesa regresó corriendo al castillo.

¡Yo no le dije que lo hiciera, mamá! –dijo Bono.

¡Sí! ¡Sí se lo dijo! –dijo Yára.

¡Claro que no! –dijo Bono.

¡Claro que sí! –dijo Yára.

¡Claro que no! –dijo Bono.

¡Claro que sí! –dijo Yára.

¡Que no! –dijo Bono.

¡Sí, lo hiciste, yo te oí! –dijo Yára.

¡Tú no me oíste! –dijo Bono.

¡Claro que sí! –dijo Yára.

¡Claro que no! –dijo Bono.

¡Claro que sí! –dijo Yára.

¡Claro que no! –dijo Bono.

¡Claro que sí! –dijo Yára.

¡Que no! –dijo Bono.

¡Dios mío! Y así siguieron discutiendo dos vueltas más.

El carruaje lleno de niños arrancó y se fue, así nomás, perdiéndose a lo lejos; Bono y Yara se callaron al fin y sin hacer nada, lo vieron perderse.

Aprovechando el silencio, el Escritor pudo narrar que eran dos niños preciosos. Bono, como de nueve años, era toda la cara de Odái pero en rubio; y Yára como de ocho, era la cara del papá pero en morena, se podía ver que de grande sería hermosa.

¿Cómo se te ocurre hacerle caso a Bono? –dijo la Princesa mientras salía del castillo con otro niño, al que le limpiaba la cara con un pañuelo, que maternalmente humedecía en su boca.

Bono me dijo que si lo hacía me regalaría su carruaje –contestó el pequeño de aproximadamente siete años de edad.

Bono no tiene carruaje, Gotz. –le aclaró la Princesa.

¿¿No tiene?? –preguntó Gotz que de pronto se sentía timado.

No.

Gotz se soltó de la Princesa y fue directamente con Bono.

Tú me dijiste que tenías un carruaje, Bono –le reclamó Gotz. Y me dijiste que si me untaba miel en los cachetes me lo regalarías.

Ya ves como sí le dijo mamá –interrumpió Yára.

¡Yo no le dije que lo hiciera mamá! –dijo Bono.

¡Sí! ¡Sí se lo dijo! –dijo Yára.

¡Claro que no! –dijo Bono.

¡Claro que sí! –dijo Yára.

¡Claro que no! –dijo Bono.

¡Claro que sí! –dijo Yára.

¡Que no! –dijo Bono.

La Princesa hizo de pronto un descubrimiento.

¿Ya se fue el carruaje?

Sí, se fue –dijeron Yára y Bono al unísono.

Pero tratamos de detenerlo –agregó Bono.

Siempre me hace lo mismo. ¿No me puede esperar un minuto más?

No es verdad, Princesa –dijo el Escritor de pronto. Yára y Bono estaban discutiendo y no hicieron nada por detener al carruaje.

Hubo un silencio momentáneo y después los cuatro me voltearon a ver.

¿Escritor? –preguntó la Princesa sorprendida.

¿Quién es él, mamá? –preguntó Yára.

Él es... es... –la Princesa no sabía qué decir.

Déjame a mí, Princesa. Hola, niños, yo soy el Escritor.

¿Qué es un escritor? –preguntó Gotz.

Es una persona que escribe historias maravillosas.

¿Y tú qué escribes? –preguntó Yára.

Escribo muchas cosas, pero ahora estoy escribiendo un cuento.

¡¿Eres un escritor de cuentos?! –preguntó Gotz.

Se puede decir que sí. Soy un escritor de cuentos.

¿Y qué cuento escribes? –preguntó Gotz.

Éste.

¿Cuál? –preguntó Yára.

Este cuento.

¿Cuál cuento? –preguntó Gotz.

Este cuento en el que estamos todos.

¡¿Éste es un cuento?! –preguntó Yára.

Sí… bueno… no… es… Miren, su mamá y yo nos conocemos desde hace mucho tiempo.

¿Y ya lo sabe mi papá? –preguntó Bono.

Sí, tu papá me conoce.

¿Y por qué nunca había hablado de ti antes? –preguntó Bono.

Este… pues… no sé, yo creo que…

¿Y has escrito muchos cuentos? –preguntó Gotz.

No, no muchos.

¿Cuántos? –preguntó Yára.

Pues… en realidad éste es el primero.

¿El primero? ¿Y te llamas a ti mismo escritor de cuentos? –dijo Bono.

Yo creo que eres un escritor de UN cuento –dijo Yára.

Cuéntame el único cuento que has escrito, ¿sí? –interrumpió Gotz.

Este… yo…

No importa que esté feo –dijo Gotz.

Lo que pasa, es que… todavía no lo termino.

¿Tienes UN sólo cuento y está sin terminar? –dijo Yára.

Entonces no has de ser muy bueno escribiendo, ¿no? –dijo Bono.

No importa Escritor, cuéntame lo que llevas y yo te digo si vas bien y si me gusta –me dijo Gotz.

Niños, vean la hora que es –dijo la Princesa salvándome el pellejo. Vayan con su papá y díganle que otra vez los dejó el carruaje, que si los puede llevar a la escuela él.

Sí, mamá –dijeron los tres y salieron corriendo… Gotz se detuvo un momento y regresó.

Si te vas, déjale el cuento a mi mamá para que me lo lea y después te digo qué cambios puedes hacerle –y Gotz salió corriendo también.

Y ésos fueron mis hijos –me dijo la Princesa. Y con esto termina la demostración audiovisual de una mañana en mi vida.

¿Cómo estás, Princesa?

¿Cómo me ves?

Atareada… ¿y feliz?

Sí, un poco atareada, pero muy feliz, son tres hermosísimos niños, hiperactivos, pero fabulosos.

¿Y el Príncipe Azul?

¡Mamá! –regresó Bono. Dice mi papá que no puede llevarnos, ¿que si nos puedes llevar tú?

Está bien, vayan subiéndose al carruaje y ahora los llevo.

No te tardes –le dijo Bono. Hoy tengo examen y si no lo presento…

¿Y por qué no pensaste en eso cuando estabas sentado en la mesa jugando con el vaso de leche y ofreciéndole un carruaje a Gotz para que se llenara la cara de miel?

Ay, mira cómo te pones cuando tienes visitas –le dijo Bono bromista. Estaremos en el carruaje.

Bono salió y la Princesa suspiró profundamente.

Estoy cansada.

Pero… ¿estás feliz?

Sí, claro, el matrimonio tiene sus momentos difíciles y sus momentos maravillosos como todo, pero soy inmensamente feliz.

¿Y el Dragón?

Dormido. Desde que me casé no ha tenido mucho a que temer. Pasa mucho tiempo con los niños, es bueno porque me los cuida mucho, nunca les quita la vista de encima cuando salimos a pasear. Bono dice que es un paranoico, pero aún así siempre los protege, pero a veces hace cada cosa, no sabes el trabajo que me costó convencerlos a él y a Gotz de que no había monstruos en el closet.

¿A Bono y a Gotz?

¡No! A Gotz y al Dragón.

El escritor soltó una alegre carcajada.

Te he extrañado mucho, sabes.

Yo también a ti.

¡Mamá! –grito Bono. Eres una mujer casada.

La Princesa se llevó las manos a la cara y se rió.

Tengo muchas ganas de platicar contigo Escritor, pero con tres niños, un marido y un Dragón, no tengo mucho tiempo que digamos.

Si quieres regreso más tarde.

Me parece perfecto, que te parece… en diez años.

¿Qué?

En diez años, cuando los hijos ya estén grandes y sólo quedemos en el castillo el Príncipe y yo… y el Dragón.

El Escritor sólo la miraba. No podía creer que pasarían diez años más.

A ti no te cuesta nada, de un capítulo a otro puedes hacer pasar todo el tiempo que desees.

Lo sé, pero pensé que aquí ya se podría acabar el cuento.

Dame diez años más, ¿sí? Anda, por los viejos tiempos. Y la Princesa le sonrió con esa mueca encantadora, parpadeaba como si eso me pudiera convencer… y sabía que siempre funcionaba.

Gracias, Escritor.

¡Mamá! –gritaron los tres.

Me tengo que ir. Te veo en diez años.

Está bien.

¿Lo prometes?

Te lo prometo. Y la Princesa se fue.

Este cuento va a terminar con más capítulos que el Quijote.

Y pasaron diez años más.

El escritor decidió dejar pasar 15 años desde la última vez que vio a la Princesa; cuando los niños esperaban el carruaje.

De nuevo estaba afuera del castillo, pero esta vez había un guardia en la entrada custodiando la puerta.

¿A quién busca usted? –preguntó el guardia hosco.

Soy amigo de la princesa Odái.

La Princesa Odái ya no vive aquí, ahora vive en el pueblo –me contestó el guardia.

Pero…

Le suplico que salga de aquí –continuó sin dejarme hablar. Esto es propiedad privada.

¿Éste ya no es el castillo del Príncipe Azul?

No puedo seguir hablando con usted, salga de aquí.

¿Pero hace cuánto tiempo no vive aquí la Princesa?

El guardia se metió sin decir una sola palabra y cerró la puerta.

El Escritor estaba sorprendido.

Sin tener otro remedio y sin nada más que hacer el Escritor se fue al pueblo a buscar a la Princesa. Recorrió las calles de arriba a abajo, preguntó en algunos lugares, detuvo a mucha gente en la calle, pero nadie sabía nada de la Princesa Odái, ni de su Dragón. Lo único que sabía todo el mundo es que ya no vivía en el castillo.

No sé bien por qué, pero el corazón se me salió del pecho en el momento en el que escuché:

Todos presentes en la vida. A tantos del tantos del tantos. **Se oyó el carraspear de una garganta que me era agradablemente familiar. Me di la vuelta y ahí estaba... como siempre... leyendo su pergamino.** Si el celador Bonsái se encuentra parado en medio del pueblo, con su ropa ceremonial de color dorado; si está subido en su banquito de madera con aterciopelado rojo y además está leyendo este pergamino, será muy importante comprobar si la Princesa Odái está en compañía del Escritor. **Bonsái bajó el pergamino y volteó a verme.** Si Bonsái sigue leyendo este pergamino se puede concluir de manera inequívoca que... **–se detuvo. Estaba abatido.** No puedo **–bajó el pergamino y me miró.** Me pone muy triste, tienes que ir con ella, Escritor.

¿Pero tú sabes dónde está?

Sí –me dijo quejándose, remilgón y triste. Yo lo sé todo. ¿Qué no te has dado cuenta? **–levantó el pergamino y cambiando su tono triste continuó leyendo.** Yo, el celador Bonsái **–continuó leyendo Bonsái,** certifico dicho acontecimiento. Y con todo el poder que me confiere la ley de la vida, escrita en el gran libro de la vida, en su artículo tres mil doscientos cuatro **–tomó aire.** Decreto y ordeno que el Escritor la vaya a buscar. La ley ha hablado.

Enrolló el pergamino, bajó de su banquito, lo cargó... pensó un momento, puso de nuevo el banquito en el suelo y se volvió a subir en él. Esta vez no desenrolló el pergamino.

El Escritor podrá encontrar a la Princesa si sigue estas sencillas indicaciones. –dijo Bonsái, sin leer el pergamino y con la mirada perdida a lo lejos como tratando de concentrarse. Bien. El Escritor deberá seguir el camino que comienza donde termina la calle principal del pueblo. De ahí caminará un buen tramo y cuando se encuentre con una fuente en forma de mujer vaciando un cántaro, el Escritor habrá llegado entonces… a la fuente en forma de mujer vaciando un cántaro; todavía le quedará mucho por andar. Pero ahí, en la fuente en forma de mujer vaciando un cántaro, el Escritor tendrá que dar vuelta y tomar el camino que verá claramente a su derecha. Una vez tomado el camino de la derecha, el Escritor tendrá que caminar otro buen tramo y cuando piense, "yo creo que ya me perdí", entonces podrá ver a lo lejos un pozo de agua fresca y tendrá que caminar hasta él. Cuando llegue ahí, al pozo de agua fresca, el Escritor habrá llegado entonces…

¿Al pozo de agua fresca?

En efecto, ¿ya has estado ahí antes?

No, fue sólo una suposición.

Ah, bueno, continúo entonces. Ahí, en el pozo de agua fresca, le recomiendo al Escritor que beba, porque el pozo está exactamente a la mitad del camino. Después de beber, el Escritor deberá seguir caminando. Cuando el Escritor piense que ya nadie puede vivir tan lejos, se encontrará al fin con una pequeña casa donde encontrará a la Princesa. Mucha suerte.

Bajó de su banquito, lo cargó y volvió a desaparecer.

El Escritor se puso en marcha, ya era tarde, pero las indicaciones eran muy claras, caminó un buen tramo y llegó, en efecto, a la fuente en forma de mujer vaciando un cántaro, tomó el camino de la derecha y justo cuando pensó que ya se había perdido, alcanzó a ver a lo lejos el pozo de agua fresca, cuando llegó a él bebió un poco de agua y se apresuró para llegar con la Princesa antes de que anocheciera.

Mientras caminaba, el Escritor pensaba:
¿Qué habrá pasado?... ¿Por qué ya no vive la Princesa en el castillo?... ¿Estará enferma?... ¿Y sus hijos?... ¿Y el Dragón?...

De pronto el Escritor vio una luz que provenía de una pequeña casita que se escondía detrás de unos árboles, caminó hasta ella, ya era de noche, el corazón le latía fuertemente, se acercó a la pequeña cerca de madera y pudo ver, que acostado en la puerta de la cerca, estaba el Dragón.

Buenas noches Dragón –susurró el Escritor.

El Dragón levantó rápidamente la cabeza sin voltear a mirarme, no se movió, se quedó quieto, como cerciorándose de que en verdad me había escuchado.

Sí, soy yo, Dragón.

¿Escritor? –el Dragón volteó entonces la mirada, una sonrisa le llenó la cara. Pensé que no volverías.

Aquí estoy, como le prometí a la Princesa.

Le prometiste que volverías en diez años y han pasado quince.

Lo sé, pensé que sería bueno dejar pasar unos años más, la última vez que vine estaba muy ocupada.

Hubo un silencio.

¿Qué pasa, Dragón? ¿Qué ha pasado? ¿Por qué viven tan lejos ahora? ¿Y el Príncipe Azul? ¿Y los niños?

Los niños ya no son niños –me dijo el Dragón serio. Yára se casó y vive ahora con su marido en otras tierras, Bono se fue buscando aventuras lejos de aquí y Gotz está estudiando en otro país.

¿Y el Príncipe Azul?

Se separaron.

¿Por qué?

El Príncipe cambió mucho, ya no se entendían, trataba mal a la Princesa y ella ya no se sentía a gusto viviendo con él.

¿Hace cuánto que el Príncipe cambió?

La primera vez que la visitaste ya comenzaban a tener problemas.

¿Y por qué no me dijo nada la Princesa?

No lo sé. Quería intentar salvar su matrimonio, deseaba que todo cambiara y que regresaran las cosas a ser como antes. No quiso decir nada a nadie hasta haberlo intentado todo.

¿Hace cuánto se separaron?

Hace cinco años.

¿Qué? ¿Esperó diez años? ¿Pasó diez años intentándolo? ¿Pasó diez años esperando a que las cosas cambiaran?

Fue mi culpa, Escritor –sollozó el Dragón. Yo le decía que tenía que intentarlo, que cómo sobreviviríamos si nos separábamos del príncipe, que no teníamos nada, que no podríamos vivir sin él.

Que tú digas esas cosas no me sorprende, eres el Dragón del Miedo, pero que ella te escuchara...

El Príncipe ayudó mucho, siempre nos decía que sin él no seríamos nada, que si él no estaba no sobreviviríamos, hacía sentir a la Princesa como una inútil... y yo le decía que si dejaba al Príncipe sus hijos le reclamarían para siempre.

¿Y por qué le decías eso?

El Príncipe me utilizó, Escritor, utilizó el miedo de la Princesa. Yo ya no pensaba sólo en mis miedos, sino en el miedo que el Príncipe me inculcó. Llegué a pensar cosas que a mí jamás se me hubieran ocurrido.

¿Y así pasaron diez años?

Sí, diez años. Pero un día, cuando la Princesa estaba acomodando la habitación del Príncipe, se encontró con un cofre bien cerrado con un candado. No sabía qué era y cuando estaba a punto de guardarlo otra vez, entró un abejorro por la ventana y la pinchó.

El Abejorro de la Curiosidad y el Deseo.

Supongo que sí, porque la Princesa salió corriendo del castillo con el cofre en las manos y afuera, tomó una piedra y de un golpe rompió el candado.

¿Y qué encontró?

En el cofre sólo había un sobre que decía: "Odái. Su riqueza".

¿El Príncipe lo había escondido para que ella no recordara?

Así es, la Princesa abrió el sobre, leyó la hoja e inmediatamente subió a su cuarto y comenzó a empacar sus maletas. Tomó a sus hijos y se fue del castillo, yo la seguí. No llegamos muy lejos, en el pueblo nos detuvieron los guardias del Príncipe, amenazaron con quitarnos a los niños, la Princesa se defendió como nunca. Yo peleaba también, mi miedo había cambiado.

¿Cómo cambió tu miedo?

No lo sé, pero ahora ya no me daban miedo los guardias ni el Príncipe, sólo me daba miedo perder a los niños y también tenía miedo de regresar al castillo.

¿Y qué pasó?

Los Príncipes y los tres niños comenzaron a discutir, hubo un momento en que yo dejé de oír lo que discutían.

La Princesa bloqueó su miedo.

Yo creo que sí. Al final Bono, que tenía 19 años, dijo que se quedaría con su papá, y solo Yára de 18 y Gotz de 17 se fueron con su mamá. Hace cinco años de todo esto, Escritor.

¿Por qué dejé pasar tanto tiempo?

Vivimos un tiempo en una casa cerca del pueblo, la Princesa comenzó a trabajar en una tienda, sus hijos le ayudaban y Bono nos visitaba cada que podía y nos traía dinero. Yára conoció a un hombre, se casó y se fue a vivir con él. Bono decidió un día ir a buscar aventuras y se fue lejos. Cuando Bono se fue, el príncipe dejó de mandar dinero. La Princesa tomó la mitad de lo poco que había ahorrado y mandó a Gotz a estudiar al extranjero. Nos quedamos solos. Con la otra mitad del dinero se compró esta casita y aquí vivimos hace un año.

¿Y ella cómo está?

Triste. Ya no sale a trabajar, se la pasa encerrada en la casa y ya no por miedo, porque a mí ya ni siquiera me escucha. No sabes las veces que recé para que aparecieras por ese camino.

Pues ya estoy aquí, y voy a hablar con la Princesa.

El Escritor pasó la cerca y se paró en la puerta un momento. El corazón le latía con mucha fuerza, respiró profundamente y entró en la casa. El Dragón tras él.

La Princesa estaba sentada en una silla mecedora frente a la ventana pero con la cabeza agachada, estaba de espaldas a la puerta, en sus manos tenía el sobre que le había dado el Hombre Más Rico del Mundo, pero estaba vacío. El Dragón se quedó cerca de la puerta mientras el escritor se acercó un poco a ella...

Era una noche muy fría –susurró el Escritor. Tal vez la más fría de todas las noches. La Princesa levantó la mirada hacia la ventana. Odái se encontraba sentada en la ventana de su casa observando las estrellas... Soñaba con lo que su propia vida podría ser si tan sólo llegara esa señal.

Hola, Princesa.

Odái se levantó, se veía cansada, el tiempo había dejado testimonio de su paso en la cara de la Princesa.

Ha pasado tanto tiempo.

¿Qué haces aquí sentada?

Esperando.

¿Qué?

No lo sé.

El Dragón me lo ha contado todo. No ha sido una vida fácil.

No. No lo ha sido. **La Princesa levantó la mano enseñándome el sobre vacío.** He perdido mi riqueza, Escritor —sus ojos se llenaron de lágrimas, y no sé dónde encontrarla.

Hay que ir con el Hombre Más Rico del Mundo. Él debe tener una copia, o algo.

No me acuerdo dónde vive, no sabría cómo encontrarlo.

Pues hay que salir a buscar Princesa, no hay otra solución.

Pero ¿cómo? La Princesa me miró un momento.

Princesa, recuerda las cosas que llegaste a hacer sin saber nada, recuerda cuando venciste al miedo, recuerda cuando cambiaste mi cuento y decidiste salir de la torre, recuerda a esa mujer llena de vida, de coraje, de fuerza…

Fue hace mucho tiempo.

¿Qué importa eso? Sigues siendo ella, sigues siendo tú misma.

Estoy sola, mis hijos se fueron ya.

Antes estabas sola también, no tenías hijos, no tenías Príncipe, ¡no tenías nada! y saliste adelante. Después, cuando dejaste el castillo y al Príncipe Azul, te quedaste sola también y con dos hijos, pero luchaste y saliste adelante también y sacaste adelante a tus hijos. Para eso, querida Princesa, necesitaste mucha fuerza y mucho coraje, primero para dejar al Príncipe Azul y después para sobrevivir con tus hijos, ¡Y tú lo lograste! Así que tienes que recordar quién eres y quién has sido en todo este tiempo para recordar todo lo que tienes.

Pero no tengo nada.

El Escritor se le quedó viendo fijamente, le sonrió y le dijo:
Va a sonar a texto barato de un panfleto de superación personal, pero... tienes la luna, el sol y las estrellas, tienes las nubes, tienes el aire que respiras, tienes un mundo entero en tus manos, tienes tus ojos y tus piernas... y mi boca, mis oídos, mis manos, estoy viva y tengo todas las posibilidades.

La Princesa sonrió al recordar y en ese momento, una voz maravillosa se escuchó cantar.

¿Escuchas eso, Escritor?... ¿Te acuerdas?... es la voz de Pía.

Mientras Odái escuchaba la voz, su cuerpo encorvado se reincorporaba, sus piernas cansadas dejaban de temblar y su rostro se iluminaba borrando gran parte del paso del tiempo. Parecía que el recordar lo que había sido la rejuvenecía. Cuando la voz paró, Odái era otra, ya no era aquella muchacha de 20 años que yo había escrito al principio del cuento, pero era sin duda una mujer hermosa y sobre todo, con mucha fuerza.

¿Y qué? —me dijo la Princesa con un nuevo entusiasmo que pude reconocer. ¿Eso es todo? ¿Me voy a pasar toda la vida sentada en la ventana de esta casa esperando la señal?

El dragón peló los ojos.

De ninguna manera.

Pues claro que de ninguna manera, Escritor, tengo tres hijos que ya están haciendo sus vidas, espero que sean muy felices, pero eso no es todo, este cuento no se puede acabar aquí, así, de esta manera.

¡Muy bien dicho Princesa!

Dragón, vámonos, tenemos que salir de aquí.

¿Pero a dónde? ¿Y si llegan los niños y no nos encuentran?

Ya nos buscarán.

¿Pero a dónde vamos a ir? Aquí tenemos una casa, tenemos un techo... –el **Dragón sentía miedo una vez más.** Lo cual es muy bueno, porque eso quiere decir que algo está pasando, ya tenía mucho tiempo de no sentir ni eso.

¡Estamos vivos, Dragón!

¡Ay, Dios! ¡Me da mucho miedo pero me da mucho gusto!

La Princesa se dirigió a la puerta y la abrió, de pronto era de día. ¿Cómo ha sido posible esto?

La luz de la sabiduría ilumina cualquier noche –se oyó una voz.

Cuando volteamos, la casa de Odái había desaparecido y estábamos frente a una pequeña choza humilde, hecha de paja y madera; en el pórtico había un hombre sentado en una mecedora y con un libro en las manos.

¡El Hombre Más Rico del Mundo! –gritó la princesa feliz.

A tus órdenes –dijo el hombre sonriente. Me parece que andas buscando esto –extendió la mano y un sobre apareció entre sus dedos.

La Princesa tomó el sobre.

Cada vez que necesites uno puedes regresar a mí, estoy en todas partes, por eso soy la parte más importante del tiempo, sólo tienes que recordar.

Y diciendo esto, todo desapareció y estábamos una vez más en la entrada de la casa de Odái. Era de noche de nuevo.

Ni tiempo me dio de asustarme.

La Princesa tomó el sobre y lo abrió, su contenido había cambiado.

¡Ahora son tres hojas, escritor!

Seguramente has aprendido mucho desde que te casaste hasta ahora.

Sí, seguro –me dijo mientras hojeaba, habla de mi matrimonio, de mis hijos, del divorcio, habla de muchas cosas más. ¡Soy más rica de lo que era cuando me casé! No me había dado cuenta de todo lo que había aprendido.

¿Es mucho?

Muchísimo. En conclusión: debo confiar, pero no ser confiada, así como debo temer pero no ser miedosa. El matrimonio con el Príncipe Azul fue bueno, aunque no era lo mejor, pero tenía tantas ganas de vivir que…

Un jadeo peculiar interrumpió a la Princesa.

¡Por fin! ¡Llegué! ¡Uff! ¡Estoy agotada!

Pero no había nadie alrededor.

¿Será un fantasma?

¡Aquí abajo! ¡Estoy aquí abajo!

Todos bajamos la mirada y nos encontramos con una pequeña tortuga que llegaba cansada.

La Princesa tomó a la tortuga en sus manos y la levantó.

Hola, pequeña, ¿Quién eres tú?

Me llamo Prudencia y te he venido persiguiendo desde el capítulo 14.

¿Desde el capítulo 14?

Eso fue cuando conoció al Príncipe Azul.

Así es… y ahí estaba yo cuando estaban comiendo fresas. A unos metros de distancia, traté de alcanzar a la Princesa, pero se subió al blanco corcel y se echó a correr. Después traté de alcanzarla en el castillo pero de pronto pasaron dos meses, cuando ya me estaba acercando pasó una semana ¡y ya se estaban casando!, intenté seguir el ritmo acelerado del cuento, ¡pero por Dios! Dos meses, una semana, diez años, ¡quince años! ¿De qué se trata esto? ¿Y cuándo entro yo, la Prudencia?

¿Qué quieres decir?

¿Qué quiero decir? Que tú y yo, Princesa, debimos tener una plática hace ¡25 años! **–Prudencia estaba un poco alterada.**

¡Uy! Pues se te hizo un poco tarde.

Nunca es tarde para la Prudencia.

¿Y qué me tenías que decir Prudencia?

Que no fueras precipitada, que esperaras un poco, que te dieras cuenta si ése en verdad era tu Príncipe Azul, ¿sabes cuántos príncipes azules hay tan sólo en este reino?

¿Más de dos?

Con el título de Príncipe como tal, hay muy pocos, pero a los que puedes tú convertir en príncipes; ¡todos!

¿Todos los hombres son príncipes?

Claro que no, por favor, no me malentiendas –dijo Prudencia. No todos los hombres son príncipes, pero a cualquiera de ellos puedes convertirlo tú en un Príncipe Azul, ése es tu poder por ser una Princesa.

¿Y cómo podía saber yo, si el príncipe con el que me iba a casar, era mi Príncipe Azul?

Para eso estoy yo, la Prudencia. Pero querías vivir tan rápido y tenías tantas ganas de ser feliz, que te fuiste con el primer príncipe que viste. Y te fuiste tan rápido que nunca te alcancé.

¿Quieres decir que me apresuré?

¿Dos meses? ¿Una semana? ¿Diez años? ¿Quince años? ¡Nooo! ¿Por qué piensas que te apresuraste, princesa?

No te di tiempo de alcanzarme Prudencia.

Pero como lo dije –dijo Prudencia, nunca es tarde. Desde ahora, yo tengo que ir contigo a donde vayas, como el Dragón del Miedo, soy un regalo que la vida te da. Y siempre es muy bueno hacerme caso.

La Princesa sonrió.

Prudencia, una tortuga, ¿quién iba a pensarlo?

Todos brincamos al escuchar la voz de Bonsái.

Todos presentes en la vida, a tantos del tantos del tantos. Estaba ahí de nuevo, leyendo otro pergamino. Carraspeó la garganta y continuó leyendo. Si el celador Bonsái se encuentra parado con su ropa ceremonial de color dorado, afuera de la humilde casa de la Princesa Odái, que, dicho sea de paso, se encuentra muy lejos del pueblo. Si está subido en su banquito de madera con aterciopelado rojo y además está leyendo este pergamino, será muy importante comprobar si la Princesa tiene una pequeña tortuga muy lenta entre sus manos. **Bonsái bajó el pergamino y volteó a ver a la tortuga Prudencia en las manos de Odái. Después continuó leyendo.** Si Bonsái sigue leyendo este pergamino, es porque en efecto, la tortuga Prudencia está ahora en las manos de la Princesa. Si hay un dragón, un escritor y todo ha tomado de nuevo su curso natural, se puede concluir de manera inequívoca que la Princesa entiende ahora que sus ganas de vivir no pueden ir más rápido que la vida misma. Y tendrá que aprender a escuchar a la Prudencia cuando le hable y jamás ir más rápido de lo que ésta le indique.

La Princesa y Prudencia sonreían.

Yo, el celador Bonsái **–continuó leyendo Bonsái,** certifico dicho acontecimiento. Y con todo el poder que me confiere la ley de la vida, escrita en el gran libro de la vida, en su artículo un millón quinientos dieciocho **–tomó aire,** decreto y ordeno que siga este cuento. La ley ha hablado.

Tomó de nuevo su banquito, le guiñó el ojo a la Princesa y desapareció.

¿Y ahora?

Se escucharon unas ramas moverse de pronto.

¿Quién anda ahí? **–preguntó el Dragón con voz valiente, mientras se escondía detrás de la Princesa.**

Perdón, soy yo **–se escuchó la voz de un hombre.** No pensé que siguieran despiertos.

Un hombre salió de entre los árboles.

¿Quién es usted?

Me llamo Yeva **–dijo el hombre.** He estado pendiente de la Princesa desde que se quedó sola.

¿Por qué?

Pues porque me parecía que estabas muy triste –le dijo Yeva. Aquí tan lejos y sola, no quería que te pasara nada.

La Princesa pensó un momento.

Invítale una taza de café –le susurró Prudencia.

No podemos confiar en este hombre así como así, ya ves lo que te pasó con el Príncipe Azul.

Es sólo una taza de café, Dragón –dijo Prudencia.

Está bien, está bien, pero sólo una taza.

Gracias por preocuparte, ¿te puedo invitar una taza de café?

¿De verdad? –preguntó Yeva sonriente.

Claro que sí, pasemos a mi casa.

Y los dos entraron.

Platicaron mucho rato, la Princesa le contó a Yeva todo lo que había vivido; desde su encierro en la torre hasta su casa actual, pasando por el Abejorro, Bonsái, el Cañón, Pía, la Cueva del Pasado, el Hombre Más Rico del Mundo, el Príncipe Azul y sus tres hijos: Bono, Yára y Gotz, y terminó con Prudencia y su nuevo descubrimiento. Yeva estaba muy interesado.

Él también le contó a ella su vida; su infancia, sus miedos, sus más profundos deseos. Le platicó que estuvo casado hacía mucho tiempo y que tenía dos hijas, su esposa lo había abandonado por otro hombre, sus hijas ya se habían casado y estaba solo.

Platicaron toda la noche, Prudencia y el Dragón estaban ya dormidos. Yeva se despidió de la Princesa.

Espero poder seguir platicando contigo –le dijo Yeva mientras la Princesa lo acompañaba hasta la puerta de la cerca.

Claro que sí, me dará mucho gusto tener compañía.

Eres muy bonita, Odái.

Gracias –sonrió la Princesa.

No quisiera interrumpir –interrumpió Prudencia desde el quicio de la puerta, pero es mi deber.

Nos vemos mañana, Yeva.

Sí, hasta mañana entonces –Yeva se fue, la Princesa estaba contenta.

A la mañana siguiente todos estaban ya desayunando, la Princesa había preparado unos ricos huevos y leche, en su cara se veía tranquilidad.

He tenido un sueño extraño –comentó la Princesa.

¿Y qué soñaste?

Soñé con una mujer que era adivinadora y en mi sueño me decía que tenía que visitarla.

¿Y dónde vivía? –preguntó Prudencia.

De hecho soñé que vivía cerca de aquí, al otro lado del pozo de agua fresca.

Qué curioso.

Tengo ganas de ir a investigar.

¡Ay, Dios!

El sueño fue tan real… yo creo que no tendría nada de malo investigar, ¿o sí, Prudencia?

No veo ninguna razón para no hacerlo –contestó Prudencia mientras se acababa su lechuga.

Está bien entonces, iremos acabando de desayunar.

Y así fue…

A las doce del día, la Princesa Odái ya estaba en el pozo de agua fresca con Prudencia metida en una de las bolsas de su vestido y el Dragón sentado en el piso, mirando.

Creo que la casa estaba por aquí, sígueme Dragón.

La princesa se adentró en el bosque seguida por el Dragón temeroso.

No pasó mucho tiempo cuando se encontraron afuera de la casa que la princesa había soñado.

Es exactamente como la soñé –dijo la Princesa sorprendida.

Una mujer estaba adentro, la podíamos ver a través de la ventana, estaba platicando con alguien, de pronto dejó de hablar y volteó directamente a nosotros.

Un extraño escalofrío recorrió nuestros cuerpos. La mujer se levantó y desapareció de nuestra vista. La puerta se abrió, era la misma mujer, tendría aproximadamente… muchos años, se paró en la puerta y se le quedó viendo a la Princesa fijamente.

Has venido a buscarme, ¿cierto? –le dijo la mujer con una voz extraña. Te estaba esperando.

Anoche soñé con usted, señora.

No me digas señora –le dijo la señora ups, perdón, le dijo… ¿? Llámenme Zoé –le dijo Zoé. Ven, entra –y la invitó a pasar a la casa.

No era una mujer fea, tampoco era guapa, ni mucho menos bonita, no sabría como describirla, parecía una... ¿Bruja? —me preguntó Zoé.

No, no quiero usar esa palabra porque no creo que parezca una bruja, Zoé, pero sí tiene ese aire extraño como de... ¿Bruja? —me insistió Zoé.

Que no... ¡ya está! La palabra correcta sería: hechicera.

Las hechiceras son brujas —me dijo Zoé sonriente.

Eso sí no lo sé, pero como éste es mi cuento y narrar es lo único que me ha quedado por hacer, prefiero llamarla hechicera en lugar de bruja... espero que no le moleste.

De ninguna manera. ¿Pero por qué no mejor me llamas Zoé?

Está bien. No era una mujer fea, tampoco era guapa, ni mucho menos bonita, era más bien Zoé.

Ves que fácil, a algunas cosas es mejor llamarlas por su nombre —me dijo Zoé. Pasen, son todos bienvenidos.

¿No está ocupada?

No —dijo Zoé.

¿No tiene visitas?

No, estoy sola —dijo Zoé.

Pero la vimos platicar con alguien hace unos segundos.

Platicaba conmigo misma —dijo Zoé mientras entraba a la casa. Pasen.

La Princesa dio unos pasos para entrar.

El Dragón susurró al oído de la Princesa para que no lo oyera Zoé.

¿Y si yo me quedo afuera, Princesa? Yo creo que sería lo más conveniente.

¿Y te quedarás afuera solo… y en medio del bosque, Dragón? –le dijo Zoé desde adentro.

El Dragón susurró más bajo.

¿Me habrá oído o sólo me estará tanteando?

Te oigo perfectamente –contestó Zoé.

Y en dos movimientos veloces sacó a Prudencia de la bolsa donde estaba guardada y la puso delante de él como protegiéndose.

¿Tú crees que te puedes proteger detrás de una tortuga, Dragón? –le preguntó Zoé.

Esta señora me está viendo –susurró el Dragón casi inaudible.

¡Me llamo Zoé! –gritó desde adentro de su casa.

¡Está bien! –gritó el Dragón. ¡Esta señora, Zoé, me está viendo! –y después susurró: O me está espiando o algo, ¿cómo sabe lo que estoy haciendo?

Porque conozco a los Dragones del Miedo perfectamente –dijo Zoé desde adentro. Entren ya, que no queda mucho tiempo.

Todos entramos a la casa, el dragón se quedó un momento afuera dudoso pero después entró como bólido.

Ya no sé qué me da más miedo, quedarme, irme, salirme, entrar. Todos lo mirábamos. Es mi naturaleza, por favor, no me juzguen.

Siéntate, Odái –le dijo Zoé.

¿Cómo sabe mi nombre?

Yo lo sé todo –sonrió Zoé. ¿Dime qué necesitas, qué deseas?

Pues no que lo sabe todo… perdón.

Hay cosas que uno necesita oír aunque ya las sepa, dragón - **Zoé.** ¿Saben por qué hablo sola?

¿Porque no le queda otro remedio?

En ocasiones es necesario hablar lo que uno piensa para poder oírlo.

No entiendo.

¿Cada cuándo hablas contigo misma, princesa? **–preguntó Zoé.**

Constantemente, siempre estoy pensando cosas y me contesto y me pregunto.

Bien, y… ¿cada cuándo hablas contigo misma en voz alta?

Nunca.

Ahí hay una diferencia **–dijo Zoé.** Los pensamientos son abstractos, a veces, hablarlos, decir lo que piensas o decir lo que sientes en voz alta, aunque sólo te lo digas a ti, te obliga a codificarlos. Y cuando te oyes a ti misma decir esas cosas que piensas o que sientes, todo parece más claro y te entiendes mucho mejor.

No lo había pensado.

Hay que hablarnos mucho a nosotros mismos. Somos nosotros quienes estaremos con nosotros toda la vida. ¿Por qué no nos vamos tomando en cuenta y nos vamos platicándonos? **–dijo Zoé alegre y dicharachera.** Bueno, no sé si sea la forma correcta de decirlo, pero se entendió, ¿no? A veces es muy sano decir las cosas en voz alta Princesa, nuestros miedos, nuestras dudas, nuestros anhelos; y también es muy bueno contestarnos en voz alta, porque así nos entendemos mejor. Y cuando menos te das cuenta, estás entablando una conversación encantadora contigo misma y descubres que te caes ¡tan bien! Y que eres bien simpática **–rió a carcajadas y suspiró.** ¡Ay! Yo me caigo rebién.

El Dragón la miraba extrañado, pero Odái estaba muy divertida.

Así que… –dijo Zoé. Necesito que tú te digas ¿qué quieres?

La Princesa pensó un momento.

En la cabeza lo tengo muy claro… Pero no sé cómo explicarlo.

Pues intenta codificarlo, no tenemos prisa, tómate tu tiempo.

La Princesa pensaba.

El Escritor supuso que muchos pensamientos cruzaban por la cabeza de Odái.

Muchos –dijo Zoé. Tantos, que le es muy difícil entenderlos. Pero hay tiempo y yo, tengo todas las respuestas.

Quiero saber ¿qué va a pasar?

¿Qué va a pasar? Está bien –dijo Zoé cerrando los ojos. Veamos… ¿Qué va a pasar? … mmmm… ya está, lo puedo ver claramente –Zoé entraba como en trance. Va a llover hoy por la noche. Va a haber luna en cuarto menguante y mañana saldrá el sol. Van a pasar muchas cosas, Odái, pero si te digo todo lo que va a pasar no acabaríamos nunca.

Eso no es lo que quería saber.

Eso fue lo que preguntaste –contestó Zoé saliendo del trance. "¿Qué va a pasar?"

Quiero decir, ¿qué va a pasar con mi vida?

¡Ah! ¿Qué va a pasar con tu vida! Se va a acabar.

¿Me voy a morir?

Sí –dijo Zoé seca.

¿Por qué?

Porque es la ley de la vida, de hecho es la ley número uno de la vida, todos nos vamos a morir.

Pensé que en verdad tenía todas las respuestas.

Las tengo –contestó Zoé. Pero lo que pasa, es que tú no tienes las preguntas.

Otra vez no entiendo.

Las respuestas están ahí. Siempre están ahí, lo que sucede es que nunca sabemos preguntar. Si tú me preguntas "¿qué va a pasar?", yo te puedo contestar muchísimas cosas.

¿Qué va a pasar conmigo?

Vas a hacerte vieja cada día que pase –contestó Zoé rápidamente.

Está bien, está bien, creo que ya entiendo… a ver… ¿qué va a pasar con Yeva?

¿Yeva? Yeva es un buen hombre… y te quiere, pero no necesitas una adivina para saber eso, ¿cierto? ¿Qué va a pasar con Yeva? Pues se hará viejo y morirá también.

La Princesa pensó otra vez.

Te preocupa tu futuro ¿verdad, Princesa? –preguntó Zoé.

Así es, quiero saber ¿qué hay en mi futuro?

Todo –dijo Zoé sonriente.

Todo. ¿Qué quiere decir con todo?

Así como lo oyes: TODO –Zoé la miraba a los ojos como tratando de decirle algo. Princesa, tienes todas las posibilidades. Lo que necesitas, no es predecir el futuro, lo que necesitas es tener tan claro como puedas tu presente para que no te preocupe jamás el porvenir. No puedes saber a ciencia cierta si en el futuro estarás en compañía de tus hijos y de un hombre que te ame, o si estarás sola; lo que sí puedes saber, es qué harás el día de hoy para tener una buena relación con tus hijos y para permitirte amar y ser amada. No puedes saber si serás rica, pero puedes trabajar mucho el día de hoy para llegar a serlo. No puedes saber si en un futuro estarás enferma, pero puedes cuidarte hoy para llevar una vida más sana. El verdadero poder siempre se encuentra en el tiempo presente. Si aprendes a tener claro tu presente entonces podrás ver claramente tu futuro.

Odái sólo la miraba, parecía que algo estaba entendiendo.

Has aprendido mucho en tu vida, has aprendido ya, que no tienes el control sobre todas las cosas, pero he de decirte que sí tienes el control sobre ti misma **–la voz de Zoé era dulce, casi maternal, era... La voz de la Vida.** No puedes controlar si mañana va a llover o va a hacer sol, lo que sí tienes bajo tu control es tu actitud ante la lluvia o ante el sol. No puedes controlar si tu vida estará llena de alegres momentos o de amargos desengaños, pero sí puedes controlar tu disponibilidad, tu entusiasmo por vivir y tu posición ante el fracaso. Ese es tu poder, el control de tu actitud. Porque la actitud, querida Princesa, es TODO. En esta vida tendrás que aprender, que no hay personas clave, no hay momentos clave, no hay oportunidades clave, sólo hay: actitudes clave. La vida siempre se repite; uno se desenamora y se vuelve a enamorar, uno pierde su trabajo y después vuelve a trabajar, uno lo gana todo, lo pierde todo y después lo vuelve a ganar, la vida está hecha de eternos comenzares. Sabes ya que la vida es una gran aventura, ¡vívela!

¿El futuro está en mis manos?

¡Todo el mundo está en tus manos! **–le dijo Zoé llena de alegría.** Siempre ha estado ahí, estuvo cuando saliste de la torre, estuvo también mientras buscabas en el bosque, estuvo en la Cueva del Pasado y estuvo en tus manos también, cuando viviste con el Príncipe. El futuro ha estado siempre en tus manos y también está ahora; y estará en tus manos mañana cuando te levantes, y estará en 10 años y estará en veinte. El poder, tu poder de cambiar tu actitud y de cambiar tu vida, siempre estará en el tiempo presente.

Zoé calló, todos estábamos sorprendidos, la Princesa no podía hablar.

¿Cómo te sientes? –preguntó Zoé.

Bien, tranquila, segura... y con unas ganas gigantescas de salir a vivir otra vez.

Pues no pierdas tiempo, la puerta a la vida está abierta.

Y al decir estas palabras la puerta de la casa de Zóe se abrió de par en par y afuera, el sol deslumbraba esplendoroso, los árboles y las flores brillaban, el viento soplaba dulcemente y a lo lejos, la Princesa vio pasar su vida, sus hijos, el Príncipe, Yeva, Bonsái, la torre, todo, todos los caminos y todas las posibilidades. La luz del sol entraba por la puerta y era impresionantemente...

Esa no es la luz del sol –me interrumpió Zoé, es la energía de la vida. La piel se le puso chinita al Escritor.

¡Quiero vivir! –dijo la Princesa viendo hacia afuera. Vivirlo todo, lo bueno, lo malo, quiero reír todas mis alegrías y llorar todas mis penas... quiero vivir intensamente.

La Princesa entró como en trance.

La vida es una aventura, es mi aventura y quiero vivirla toda hasta el final. ¡Quiero vivir!

Caminó hacia la puerta, lágrimas de felicidad brotaban por sus ojos, el viento que entraba le volaba los cabellos y la luz de la vida nos deslumbraba a todos.

La Princesa cruzó el umbral, el Dragón y la tortuga caminaban detrás de ella. El Escritor sabía que la Princesa estaba ahora fundiéndose a la vida verdaderamente. Sabía que la Princesa había entendido más de lo que quizá nadie entendería y sabía ahora, que pasara lo que pasara, la Princesa siempre estaría feliz, porque estaría viva.

La Princesa volteó a mí.

Gracias.

Gracias a ti, Princesa. Fue un verdadero orgullo y un ineludible placer escribirte.

Adiós, Escritor.

Cuídala mucho dragón.

La Princesa me mandó un beso y me sonrió, lloraba llena de emoción.

Y colorín colorado...

...este cuento se ha acabado.

La puerta se cerró y todo desapareció.

Ha pasado mucho tiempo desde que vi por última vez a la Princesa. El cuento ya había terminado, pero por alguna razón, que por supuesto no puedo explicar, no podía dejar de pensar en ella.

El escritor decidió entonces hacer el capítulo 20.

Sé que es absurdo que haya otro capítulo cuando ya claramente se ha acabado el libro, pero algo me dice que debo regresar, necesito saber de la Princesa, quiero ver si es feliz y si ha logrado lo que soñaba… No lo sé, pueden llamarme romántico, obsesionado o estúpido, pero por si alguien más se siente como yo, escribo este capítulo 20. Quien quiera seguirme está invitado. Haré pasar 20 años más en honor al capítulo.

Habían pasado 20 años…

El Escritor se encontraba afuera de la casa de la Princesa, todo estaba tranquilo, había más casas que hace 20 años pero seguían existiendo esa paz y tranquilidad que da el bosque.

Era un día normal, el Escritor cruzó la cerca de madera y se dirigió a la puerta de la casa…

¡Hey, Escritor! –oí una voz, cuando volteé pude reconocer a… ¿Yeva?

¿Vienes a buscarla? –sonrió con una mueca que claramente significaba "no lo puedo creer".

No lo puedo creer –te lo dije lector, nunca me equivoco. Ella sabía que vendrías.

¿De verdad?

Sí. Sólo que no sabía cuándo. Esa Princesita fue una Princesita tremenda.

¿Fue?

Así es –bajó la mirada triste. Ya no está con nosotros, Escritor, –los ojos se me humedecieron inmediatamente. Yeva levantó la mirada y sonrió. Pero ha dejado algo para ti, ven, sígueme.

Entré a la casa detrás de Yeva.

Me dijo que tenía que ponerte al tanto –me comentó Yeva, mientras buscaba adentro de un baúl.

¿Al tanto?

Así es, yo ya lo sé todo, después de que terminó el cuento allá en la casa de Zoé, Odái y yo nos volvimos a ver, nos hicimos muy buenos amigos y unos años más tarde nos casamos. Yo sólo quería verla feliz. Con tantos hijos que venían a visitarnos ya no quisimos tener más.

¿Volvieron los hijos de la Princesa?

¡Y con nietos! Odái los sentaba todas las noches y les contaba tu cuento, decía que tenía que compartirles su riqueza. Ella llamaba a tu cuento Y colorín colorado este cuento aún no se ha acabado, porque siempre decía que faltaba el final, que no se había escrito todavía y que algún día regresarías tú para terminarlo de verdad. ¡Y aquí estás! Estaban muy conectados ella y tú, ¿verdad?

Supongo que sí –los ojos no paraban de humedecérseme.

Pues déjame decirte que fue muy feliz –sacó un sobre. Toma, es es para ti.

En el sobre se podía leer "Para mi querido Escritor".

Abrí rápidamente el sobre, y comencé a leer la carta que decía así:

Mi muy querido Escritor:

Si estás leyendo ahora esta carta es porque Zoé tenía razón, cuando uno tiene tan claro el presente puede casi adivinar el futuro. El lazo que nos unió durante tantas páginas me hizo saber que volverías, no sabía cuándo, pero estaba segura de que lo harías.

Estoy sentada en la ventana de mi casa, es una noche fría, tal vez la más fría de todas las noches… no se me olvidará jamás. Yeva acaba de dar de cenar a mis ocho nietos. ¿Puedes creerlo? ¡Ocho nietos! Yeva te habrá contado ya que nos casamos, yo tenía mis dudas, pero en verdad es un hombre encantador y logró convencerme. Él ha sido mi verdadero príncipe azul.

Estos años han sido los años más maravillosos de mi vida, he tenido momentos buenos y momentos malos. Gotz estuvo muy enfermo, ahora está bien, pero estuvo casi a punto de morir y siempre tuve presentes las palabras de Zoé: "Lo importante es la actitud que tengas ante las cosas". No sé si ésas fueron exactamente sus palabras, pero han hecho que mi vida cambie drásticamente.

Ahora yo estoy enferma escritor, me cuesta mucho trabajo concentrarme y se me olvidan las cosas fácilmente, pero dentro de todo estoy bien. Dando un vistazo hacia atrás, sé que he vivido mi vida. No desperdicié un solo momento, por triste o terrible que me pareciera.

Lloré lo que tenía que llorar, sufrí lo que tenía que sufrir y reí todo lo que tenía que reír. ¿Y sabes algo? Esa es ahora mi mayor felicidad, he vivido todo a su tiempo, ya no apresuro las cosas y dejo que la vida llegue a mí. Sé qué es lo que sigue, pero haber vivido mi vida, me da ahora el derecho de morir mi muerte.

El Dragón está aquí conmigo, al igual que la tortuga. Me han sido muy útiles en el transcurso de mi vida; sabemos que nos iremos todos juntos cuando yo muera, pero por primera vez el Dragón no tiene miedo. Todos te extrañamos mucho.

En fin. Sólo quería hacerte saber esto: he sido muy feliz. Y te agradezco todo lo que hiciste por mí. Por pasar los capítulos a diestra y siniestra, por esperarme el tiempo necesario afuera de la Cueva del Pasado, por la manta de lana deliciosa que tiernamente me pusiste sobre la piedra, por el árbol de manzanas, por el día aquel tan caluroso cuando salí de la torre, pero sobre todo, por escribirme y permitirme vivir en tu imaginación. Muchas gracias. No me olvides nunca, que yo, a donde sea que vaya, jamás me olvidaré de ti.

Te amo, Escritor.

Cerré la carta, estaba llorando… pero estaba feliz.

Una sensación de fin de cuento me invadió, cuando escuché cerca de mí:

Todos presentes en la vida, a tantos del tantos del tantos. — **Carraspeó la garganta y leyó su pergamino.** Si el celador Bonsái se encuentra parado en la casa de la Princesita Odái con su ropa ceremonial de color dorado. Si está subido en su banquito de madera con aterciopelado rojo y además está leyendo este pergamino, será muy importante comprobar si el Escritor ha regresado a buscar a la Princesa. **Bonsái bajó el pergamino y volteó a verme, me sonrió, me guiñó el ojo y después continuó leyendo.** Si Bonsái sigue leyendo este pergamino es porque el Escritor ha regresado, por lo cual, se puede concluir de manera inequívoca que el escritor sintió que el cuento no se podía terminar en donde lo había terminado.

El Escritor no lo podía creer.

Yo, el celador Bonsái —continuó leyendo Bonsái, certifico dicho acontecimiento. Y con todo el poder que me confiere la ley de la vida, escrita en el gran libro de la vida, en su artículo primero —tomó aire. Puedo decir ahora, que es evidente que la vida no se acaba hasta que se acaba, que hay que vivir hasta el final, sean las circunstancias que sean, porque mientras haya vida siempre, siempre, siempre, habrá un cuento que contar. Y colorín colorado este cuento, ahora sí, ya se ha acabado.

La ley ha hablado.

Y colorín colorado este cuento ahora sí ya se ha acabado.

Sin existir período de gestación comencé a parir el jueves 19 de julio de 2001.

Después de más de 302,241 golpes al teclado llegaron al mundo:

141 páginas, 1,595 párrafos, 4,735 líneas, 27,080 palabras, 149,931 caracteres.

Terminé el martes 14 de agosto 2001 después de 7,121 minutos de parto real.

Deseo, de todo corazón, que esta labor haya causado algún efecto en ti.

Tanto las dudas como los comentarios son siempre bienvenidos. Quiero saber de ti, de lo que piensas y de lo que sientes.

Cualquier asunto escríbeme:

comentarios@grupo-odindupeyron.com